CLASSIQUES & CIE PHILO

Platon
Criton

Texte intégral

Collection dirigée par
Laurence Hansen-Løve

Traduction originale
Frédéric Fauquier
agrégé de philosophie

Analyse
Fabien Lamouche
agrégé de philosophie

CRITON 5

Agrégé de philosophie, ancien élève
de l'ENS Fontenay-Saint-Cloud, licencié
d'histoire de l'art, **Fabien Lamouche**
est doctorant à l'université
Bordeaux-III. Il a publié une
Anthologie des textes de Paul Ricœur
en collaboration avec Michaël Fœssel
(Le Seuil, coll. « Points essais », 2007).

Conception graphique de la maquette :
c-album, Jean-Baptiste Taine, Rachel Pfleger
Principe de couverture : Double
Mise en pages : Soft Office
Chronologie : Domino

© Hatier Paris, 2012
ISBN : 978-2-218-96304-9

L'ARCHITECTURE
DE L'ŒUVRE
41

L'AUTEUR ET LE CONTEXTE

48 **Chronologie**

50 **Repères biographiques**

51 **Le *Criton* dans l'œuvre de Platon**

LES PROTAGONISTES
DU DIALOGUE

55 **Criton : l'ami du philosophe**

56 **Socrate entre philosophie et
politique**

THÈMES
ET PROBLÉMATIQUES

63 **Les lois et les hommes**

72 **Vivre bien : justice et bonheur**

79 **Choisir la philosophie**

OUTILS COMPLÉMENTAIRES

91 **Glossaire**

93 **Bibliographie**

CRITON

(vers 390 av. J.-C.)

Les titres et sous-titres qui s'intercalent dans le texte ont été ajoutés par Fabien Lamouche pour faciliter la lecture.

PRÉAMBULE

Une visite bien matinale.

43a SOCRATE. – Pourquoi arrives-tu à cette heure-ci, Criton ? Est-ce qu'il n'est pas encore très tôt ?

CRITON. – Effectivement.

SOCRATE. – Quelle heure est-il au juste ?

CRITON. – C'est le petit jour.

SOCRATE. – Je suis surpris que le gardien de la prison ait prêté l'oreille à tes coups sur la porte[1].

CRITON. – C'est qu'à force de venir souvent ici, maintenant nous nous connaissons bien ; et c'est aussi parce qu'il a reçu de ma part quelques bienfaits[2].

SOCRATE. – Arrives-tu à l'instant ou es-tu là depuis longtemps ?

CRITON. – Je suis là depuis assez longtemps.

b SOCRATE. – Mais comment se fait-il que tu ne m'aies pas réveillé directement et que tu te sois assis auprès de moi en silence ?

CRITON. – Socrate, par Zeus ! moi, à ta place, je n'aurais pas voulu être ainsi réveillé et me retrouver tout triste ; en plus, en voyant avec quel plaisir tu dormais, je t'ai longtemps

---

1. Condamné à mort pour impiété et corruption de la jeunesse, Socrate est emprisonné et attend son exécution. Ses amis lui rendent visite tous les jours (habituellement, les visites ont lieu beaucoup plus tard ; voir *Phédon* 59d). \ **2.** Criton a soudoyé le gardien pour organiser l'évasion de Socrate.

admiré, avec étonnement : c'est à dessein que je ne t'ai pas réveillé, pour que tu continues à être dans l'état le plus agréable possible. J'ai souvent remarqué, dans le passé, durant toute ta vie, que tu avais bon caractère, mais c'est pour moi encore plus manifeste face au malheur présent, quand je vois comme tu le supportes avec facilité et douceur[1].

SOCRATE. – Criton, cela serait une fausse note, à mon âge[2], que de m'indigner de devoir déjà mourir.

c CRITON. – Pourtant, Socrate, il y a d'autres hommes, du même âge que toi, qui sont condamnés à ces mêmes malheurs, mais que l'âge ne libère en rien de l'indignation face à leur sort présent.

SOCRATE. – C'est vrai. Mais pourquoi donc es-tu venu si tôt ?

CRITON. – J'apporte, Socrate, une triste et pesante nouvelle, pas pour toi apparemment, mais pour moi et pour tous tes amis ; une triste et pesante nouvelle, qui, à mon avis, pourrait bien être une des plus pesantes à porter.

Une triste nouvelle.

SOCRATE. – Quelle est cette nouvelle ? Est-ce que le navire à
d l'arrivée duquel il me faut mourir est revenu de Délos[3] ?

CRITON. – Il n'est pas encore arrivé, mais il me semble qu'il sera là aujourd'hui si on se fie à ce que rapportent les voya-

---

1. Cette réplique dresse un premier portrait psychologique de Socrate : sa sérénité devant la mort, la constance de son caractère et, on le verra, de son attachement à la justice, mais aussi sa singularité déconcertante pour ses interlocuteurs. Socrate est toujours là où on ne l'attend pas (c'est ce qu'on appelle *atopia* en grec : littéralement, « absence de lieu »). Au moment de boire le poison fatal, Socrate n'aura rien perdu de sa bonne humeur (voir *Phédon* 59a et 117b). \ **2.** À environ soixante-dix ans, Socrate n'a plus beaucoup d'années devant lui. En outre, il juge infantile la crainte de la mort (voir *Phédon* 77d). \ **3.** La veille du jugement de Socrate, un bateau est parti d'Athènes vers Délos pour commémorer, comme tous les ans, la victoire de Thésée sur le Minotaure ; tant que ce bateau n'est pas revenu à son port, la cité doit rester pure et ne doit donc exécuter aucun condamné. C'est pourquoi l'exécution de Socrate n'a pas suivi immédiatement son procès.

geurs qui arrivent de Sounion[1] et qui ont laissé le navire
là-bas. Il est évident, selon leur témoignage, que le navire
arrivera aujourd'hui, et c'est donc demain qu'il te faudra
nécessairement mettre un terme à ta vie.

SOCRATE. – Eh bien! Criton, à la bonne fortune! Si c'est ce
que veulent les dieux, qu'il en soit ainsi! Mais je ne crois
pas qu'il arrivera aujourd'hui.

Un rêve étrange.

44a CRITON. – Pourquoi présumes-tu cela?

SOCRATE. – Je vais te le dire: c'est le lendemain du jour où
le navire reviendra qu'il me faut mourir.

CRITON. – Les responsables[2] l'affirment, certes.

SOCRATE. – Je pense donc qu'il n'arrivera pas le jour qui
vient mais le suivant. Je le présume à partir d'un rêve dont
j'ai eu la vision[3] il y a peu de temps, cette nuit. Tu as été
bien inspiré de ne pas me réveiller à ce moment propice
au rêve.

CRITON. – Quel était ce rêve?

SOCRATE. – Il m'a semblé qu'une femme, belle et gracieuse,
b de blanc vêtue, s'approchait de moi; elle m'appelait pour
me dire: «Socrate, au troisième jour, tu arriveras dans une
Phtie fertile[4].»

---

1. Le cap Sounion est à une soixantaine de kilomètres au sud d'Athènes. \ **2.** Il s'agit
des Onze, magistrats chargés d'administrer la prison et d'organiser l'application des
peines. \ **3.** Socrate, malgré ses exigences rationnelles, accorde de l'importance aux
rêves, considérés par les Grecs comme porteurs de vérité et de conseils divins (voir
Phédon 60e-61a et *Apologie de Socrate* 33c); ainsi Homère distingue-t-il les rêves véri-
diques envoyés par les dieux au travers d'une porte d'ivoire et les rêves trompeurs
envoyés au travers d'une porte de corne (voir *Odyssée*, chant XIX, vers 562). \ **4.** Socrate
cite ici, approximativement, une parole d'Achille dans l'*Iliade* (chant IX, vers 363) où
il menace, suite à l'injure d'Agamemnon, de retourner dans son pays natal, la Phtie.
Cela suggère que la vie n'est qu'une sorte d'exil de l'âme. Pour Platon, l'âme est assi-
gnée à un corps qui lui est étranger et dont la mort vient la délier (voir *Phédon* 62b).
C'est du moins un espoir que nourrit le philosophe.

CRITON. – Quel rêve étrange, Socrate !
SOCRATE. – Il me semble, à moi, très clair, Criton.
CRITON. – Trop clair, apparemment.

ARGUMENTAIRE DE CRITON

Criton expose les malheurs qui l'accableront.

CRITON. – Merveilleux Socrate, écoute-moi encore une fois maintenant et laisse-toi sauver. Pour moi, si tu viens à mourir, ce n'est pas un seul et unique malheur : en plus de me retrouver privé d'un ami tel que je n'en trouverai plus aucun de pareil[1], je vais apparaître aux gens qui ne nous connaissent pas bien, toi et moi, comme un homme qui, alors qu'il pouvait te sauver s'il consentait à dépenser sa fortune, a négligé de le faire. Quelle réputation pourrait être plus affreuse que celle-ci, faire plus de cas de son argent que de ses amis ? Les gens, en effet, ne croiront pas que tu as toi-même refusé de t'enfuir d'ici alors que nous le souhaitions vivement[2].

SOCRATE. – Mais, bienheureux Criton, que nous importe l'opinion des gens[3] ? Ceux qui ont le plus de qualités, en effet, dont il est plus digne de se soucier, penseront que les choses se sont passées comme elles se seront passées.

---

1. Socrate et Criton sont des amis d'enfance. \ **2.** Pour qui possédait de l'argent et de l'influence, faire évader un prisonnier tel que Socrate était chose assez facile. Le sophiste Protagoras, condamné à mort pour athéisme quelques années auparavant, s'était enfui sans difficulté grâce à des amis puissants. \ **3.** Ce rejet de l'opinion au bénéfice du savoir est constant chez Platon. On ne peut se contenter de l'opinion car celle-ci procède au hasard, alors que le savoir s'édifie sur la base d'arguments rationnels. Socrate n'a que faire de l'opinion et ne se décide que d'après l'argument qui lui semble le plus raisonnable (voir 46b).

CRITON. — Mais tu vois bien qu'il est nécessaire, Socrate, de se préoccuper aussi de l'opinion des gens. Les événements présents montrent d'eux-mêmes que les gens sont capables d'accomplir non les plus petits des maux mais sans doute les plus grands quand on se trouve calomnié auprès d'eux[1].

SOCRATE. — Si seulement les gens pouvaient être capables de commettre les plus grands maux pour être aussi capables des plus grands biens, cela serait parfait ; mais, en réalité, ils ne peuvent commettre ni les uns ni les autres : incapables, en effet, de rendre quelqu'un sensé ou insensé, ils agissent au hasard[2].

Criton tente de lever les craintes de Socrate.

CRITON. — Soit, qu'il en soit ainsi sur ce point. Mais, Socrate, dis-moi : n'agis-tu donc pas ainsi parce que tu te préoccupes de moi et de tes autres amis et que tu crains que les sycophantes[3], si tu t'échappes d'ici, ne nous causent des problèmes pour t'avoir furtivement enlevé ? Crains-tu que nous soyons contraints de perdre notre fortune ou de grands biens ou de subir en plus quelque autre peine ? Si telle est ta crainte, laisse-la tomber : il est juste, en effet, que pour te sauver nous prenions ce risque, et, s'il le fallait, un risque plus grand encore. Crois-moi et n'agis pas autrement.

SOCRATE. — Je me préoccupe de cela, mais de beaucoup d'autres choses aussi, Criton.

---

1. Platon est convaincu que c'est la calomnie qui a conduit Socrate à la mort. C'est un leitmotiv dans l'*Apologie de Socrate*. \ **2.** Dans l'esprit de Criton, le plus grand des maux est évidemment la mort. Pour Socrate, le plus grand des maux n'est pas la mort mais l'ignorance, parce qu'elle engendre l'injustice (voir dossier, p. 57). \ **3.** Les sycophantes étaient, à l'origine, ceux qui dénonçaient les voleurs de figues des figuiers consacrés ; le terme a pris le sens plus général de délateur. Le risque est qu'ils intentent des procès aux amis de Socrate ou qu'ils menacent de le faire afin d'exercer un chantage.

CRITON

CRITON. – N'aie donc plus de crainte à ce sujet, car ceux qui acceptent de te sauver et de te tirer d'ici ne demandent même pas une grosse somme. Et puis ne vois-tu pas comment ces sycophantes sont faciles à acheter ? Un tout petit peu d'argent suffirait. Ma fortune, suffisante à ce qu'il me semble, est à toi. Au reste, si, t'inquiétant pour moi, tu penses qu'il ne faut pas dépenser mon argent, des étrangers, ici même, sont prêts à dépenser le leur. L'un d'eux, Simmias de Thèbes, a même apporté l'argent nécessaire pour cela. Cébès[1] est prêt lui aussi, et beaucoup d'autres encore. C'est pourquoi, je te le dis, ne renonce pas à te sauver à cause de ces craintes-là ; que ce que tu disais devant le tribunal, à savoir que si tu t'exilais, tu ne saurais que faire de toi-même[2], ne soit pas un souci pour toi : à l'étranger, dans beaucoup d'endroits, où que tu ailles, tu serais accueilli avec amitié. Si tu veux aller en Thessalie[3], j'ai là-bas des hôtes qui te tiendront en grande estime et assureront ta sécurité si bien qu'aucun des Thessaliens ne te causera de soucis.

Criton veut dissuader Socrate de répandre la honte.

CRITON. – De plus, Socrate, il ne me semble pas que tu agisses justement en te livrant de toi-même alors que tu peux être sauvé : c'est avec ardeur que tu recherches contre toi ce que tes ennemis eux-mêmes pouvaient rechercher et qu'ils ont recherché effectivement en s'efforçant de te faire périr[4].

---

1. Simmias et Cébès sont deux jeunes hommes qui ont été élèves du pythagoricien Philolaos ; ils seront les derniers interlocuteurs de Socrate dans le *Phédon*. \ **2.** « Ah, la belle vie que ce serait pour un homme de mon âge de partir en exil et de vivre en allant de ville en ville, rejeté de partout ! » (*Apologie de Socrate* 37d). Socrate aurait pu être simplement condamné à l'exil s'il n'avait pas déclaré à ses juges préférer la mort (voir aussi 52c). \ **3.** La Thessalie est une région du nord de la Grèce. La suite du dialogue va en faire métaphoriquement la patrie des amis du plaisir (voir 53d-e). \ **4.** On considérait communément qu'un homme juste devait faire du bien à ses amis et du tort à ses ennemis (voir dossier, p. 72).

CRITON

En plus de cela, il me semble que tu trahis aussi tes
propres fils, que tu abandonnes en périssant, alors que tu
pourrais les élever et les éduquer ; le rôle que tu dois jouer
auprès de leur avenir sera remis entre les mains du hasard.
Il leur arrivera, selon toute vraisemblance, ce qui, habituellement, arrive aux orphelins dans une telle condition[1]. En effet, soit il ne faut pas faire des enfants, soit il
faut peiner avec eux pour leur apporter soin et éducation.
À mes yeux, tu as choisi la solution de facilité. Mais il
faut choisir ce qu'un homme bon et courageux choisirait,
du moins quand on proclame toute sa vie durant se soucier
de la vertu.

Moi j'ai honte pour toi et pour nous qui formons le cercle
de tes amis, à l'idée que toute ton affaire semble avoir eu
lieu du fait de notre lâcheté : ta comparution au tribunal
alors qu'il était possible que tu ne comparaisses pas[2], la
tenue du procès et ce dénouement, le plus dérisoire dans
l'affaire, à savoir que nous semblons nous être dérobés par
absence de force morale et par lâcheté, nous qui n'avons
pu te sauver, pas plus que tu ne l'as pu toi-même, alors
que cela était possible et que nous aurions pu le faire si,
du moins, nous avions été un tant soit peu de quelque
utilité[3]. Socrate, veille à ce que le malheur ne s'accom-
pagne pas d'une situation honteuse, pour toi et pour nous.
Prends la bonne décision – ou plutôt, non, il n'est plus
l'heure de décider, c'est déjà décidé –, il n'y a qu'un seul

---

1. Socrate a trois fils : l'un est adolescent et les deux autres sont encore des enfants.
Comme c'est vraisemblablement Criton lui-même qui les prendra en charge, l'argument est purement rhétorique. \ 2. Socrate aurait pu sans difficulté s'enfuir avant le
procès, comme l'avait fait le philosophe Anaxagore quelques années plus tôt, lorsqu'il
avait vu poindre la menace d'un procès pour impiété. \ 3. La tenue du procès est relatée
dans l'*Apologie de Socrate*. Au lieu d'essayer d'apitoyer ses juges ou du moins de s'at-
tirer leur bienveillance, Socrate n'a eu de cesse de les provoquer. Les amis de celui-ci,
manifestement pris de court par cette attitude, ont dû improviser une stratégie de
défense qui a lamentablement échoué.

CRITON

choix; la nuit prochaine, il faut que tout soit réglé. Si nous tergiversons encore, cela deviendra impossible et nous ne pourrons plus rien faire. Quoi qu'il en soit, Socrate, écoute-moi et n'agis pas autrement[1].

---

1. C'est la conclusion de Criton, qui presse Socrate de se décider sans examiner plus longtemps la question, étant donné l'urgence de la situation. Mais Socrate va patiemment reformuler le problème.

SOCRATE RÉPOND À CRITON

Socrate oppose l'examen à l'empressement.

b SOCRATE. – Cher Criton, ton empressement serait vraiment digne d'attention, s'il était conforme à un jugement droit ; s'il ne l'était pas, il serait d'autant plus pénible qu'il est insistant. Il nous faut donc examiner s'il faut agir ainsi ou non, car moi, et cela n'est pas une nouveauté mais c'est vrai depuis toujours, je suis tel que je ne suis convaincu par aucun autre de mes arguments[1] que par celui qui me semble le meilleur quand je raisonne. Les arguments que j'ai soutenus auparavant, je ne peux maintenant les laisser

c tomber parce que ce coup du sort m'atteint ; ce sont toujours à peu près les mêmes, ces arguments que je respecte et estime sont identiques à ceux que je respectais et estimais auparavant. Si nous ne pouvons en produire de meilleurs aujourd'hui, sache bien que je ne te céderai pas même si, plus encore qu'à présent, la puissance des gens tente de nous effrayer comme des enfants, en brandissant l'épouvantail[2] de la prison, de la mort et de la confiscation des biens. Comment donc pourrions-nous mener cet examen avec le plus de précision et de rigueur possible ? Si nous

---

1. Socrate emploie le terme grec *logoi* qui désigne à la fois les arguments, produits de la raison, et les maximes de vie. \ **2.** Le terme grec désigne un mannequin représentant un monstre qui servait à effrayer les enfants.

CRITON

reprenions, dans un premier temps, cet argument que tu évoques à propos de l'opinion[1] : l'argument que nous avons souvent affirmé, selon lequel il faut prêter attention à certaines des opinions sur nous et à d'autres non, était-il correct ? Si ce n'est pas le cas, disait-on que cet argument était correct avant qu'il me faille mourir alors qu'aujourd'hui il deviendrait évident qu'il s'agissait de paroles en l'air, qu'il ne s'agissait en vérité que d'enfantillages et de bavardage[2] ?

Tous les jugements ne se valent pas :
il faut se fier au jugement des gens sensés.

SOCRATE. — Moi, j'ai envie d'examiner, avec toi[3], Criton, si la force de l'argument me semble avoir beaucoup changé parce que ma condition est devenue telle, ou si elle est restée la même ; si nous allons abandonner cet argument ou si nous allons être convaincus par lui. Ceux qui pensent raisonner sur du solide disaient, à ce que je crois, à chaque fois quelque chose d'assez semblable à ce que je disais à l'instant, à savoir que parmi les jugements émis par les hommes, il faut être très attentif à certains et pas à d'autres. Par les dieux, cela ne te semble-t-il pas correct, Criton,

---

1. Voir 44d. L'ensemble du discours de Criton prête une grande importance à l'opinion. \ **2.** C'est l'accusation la plus répandue contre la philosophie : tenir des discours creux. Dans le *Gorgias*, Calliclès fait précisément ces reproches à Socrate et à tous ceux qui « philosophaillent ». Pour lui, la philosophie est, au mieux, une gymnastique de l'esprit qui fait partie de l'éducation d'un jeune, « mais quand on est plus âgé et qu'on philosophe encore, la chose devient ridicule [...]. Quand je vois un homme âgé pratiquer encore la philosophie et ne pas s'en détacher, cet homme-là, moi je pense qu'il cherche les coups, Socrate » (*Gorgias* 485a-d). La menace renvoie à la situation présente de Socrate. Mais pour ce dernier, l'enjeu que représente la crédibilité de la philosophie importe plus que son cas personnel. \ **3.** Allusion à la méthode dialectique, qui procède par questions et réponses pour examiner la valeur d'une proposition. Cette méthode, celle d'une discussion menée en commun et progressant par accord mutuel des interlocuteurs, s'oppose aux longs discours des orateurs qui visent à emporter l'adhésion de leur auditoire, notamment en faisant appel à la sensibilité des auditeurs. Voir dossier, p. 81 à 85.

comme raisonnement ? Toi, pour autant qu'il est possible à un homme de prévoir, tu es loin de devoir mourir demain, et le malheur présent ne saurait troubler ton esprit[1] ; poursuis donc l'examen : ne te semble-t-il pas convenable de dire que ce ne sont pas tous les jugements des hommes qu'il faut estimer, mais certains et pas d'autres, et que ce ne sont pas ceux de tous les hommes qu'il faut estimer, mais ceux de certains et pas ceux d'autres ? Qu'en dis-tu ? Cela ne te semble-t-il pas un raisonnement correct ?

CRITON. – C'est correct.

SOCRATE. – Ne faut-il donc pas avoir en estime les jugements utiles et ne pas avoir en estime les jugements nuisibles ?

CRITON. – Si.

SOCRATE. – Les jugements utiles ne sont-ils pas le fait des gens sensés, les nuisibles celui des insensés ?

CRITON. – Comment dire le contraire ?

Illustration par une analogie : le corps et l'âme.

SOCRATE – Poursuivons donc : en quel sens tenait-on de tels propos ? Un homme qui fait de l'exercice et qui s'entraîne, des louanges, des critiques et du jugement de qui se préoccupe-t-il ? De ceux du premier venu ou de ceux d'un seul et unique homme qui pourrait être le médecin ou l'entraîneur[2] ?

CRITON. – De ceux d'un seul et unique homme.

SOCRATE. – Il faut donc craindre les critiques et écouter les louanges d'un homme unique mais non des gens en général.

---

1. Socrate ironise, puisqu'il est clair que Criton est bouleversé. \ **2.** Socrate use d'une analogie montrant que pour prendre soin de son âme, on devrait s'en remettre au jugement d'un spécialiste, comme on accepte volontiers de le faire pour son corps en faisant confiance à un entraîneur ou à un médecin. Cette analogie est fréquente dans les dialogues de Platon et permet à chaque fois d'affirmer qu'une compétence spécifique est nécessaire pour bien juger (voir notamment *Protagoras* 313a et *Gorgias* 464a).

CRITON. – C'est manifeste.

SOCRATE. – Il lui faut donc agir, s'entraîner, manger et boire de la manière qui semble bonne à celui-là seul qui le dirige et s'y connaît, plutôt que de la manière qui semble bonne à tous les autres.

CRITON. – C'est cela.

c SOCRATE. – Soit. S'il désobéit à cet unique homme, s'il méprise son jugement et ses louanges alors qu'il tient en estime les louanges des gens en général et de ceux qui n'y connaissent rien, est-ce qu'il ne souffrira d'aucun mal ?

CRITON. – Comment n'en souffrirait-il pas ?

SOCRATE. – Quel est ce mal ? Sur quoi porte-t-il ? Quelle partie de cet homme désobéissant touche-t-il ?

CRITON. – Il est évident que c'est le corps ; c'est cela qu'il détruit.

SOCRATE. – Tu dis bien. Quant aux autres choses aussi, pour que nous n'ayons pas tout à passer en revue, Criton, c'est-à-dire au sujet de ce qui est juste, de ce qui est injuste, de ce qui est laid, de ce qui est beau, de ce qui est bon, de ce qui est mauvais, toutes choses sur lesquelles porte notre délibération présente, faut-il que nous suivions et craignions le jugement des gens en général ? ou bien est-ce le

d jugement d'un unique homme, s'il en est un qui s'y connaît[1], qui doit nous faire honte et qu'il faut craindre plutôt que tous les autres réunis ? Si jamais nous ne le suivons pas, nous ferons périr et nous mutilerons ce que le juste rend meilleur et ce que l'injuste détruit[2]. Ou bien cela est-il totalement creux ?

---

1. Restriction très importante : pour bien agir, il faudrait connaître avec exactitude ce qui est juste et ce qui est injuste. Mais il reste douteux qu'un tel savoir soit possible. Aristote, par exemple, en contestera la possibilité comme savoir théorique (voir *Éthique à Nicomaque*, V). Quoi qu'il en soit, chez Platon, il doit rester un objectif même s'il est difficile à atteindre. \ **2.** Il s'agit de l'âme. Une âme injuste est une âme délabrée, qu'elle ait pris conscience ou non de ce délabrement.

CRITON

CRITON. – Je pense comme toi, Socrate.

SOCRATE. – Poursuivons. Si nous menons à sa perte ce qui est rendu meilleur par ce qui est sain[1] et détruit par ce qui est malsain parce que nous ne sommes pas convaincus par le jugement de ceux qui s'y connaissent, est-ce que notre vie sera vivable, une fois que cette partie aura péri ? Et cette partie, c'est bien le corps ou en est-il autrement ?

CRITON. – Tout à fait.

SOCRATE. – Est-ce que notre vie sera donc vivable[2] avec un corps douloureux et détruit ?

CRITON. – En aucun cas.

SOCRATE. – Eh bien, est-ce que notre vie sera vivable avec la destruction de cette partie que l'injuste outrage et à qui le juste est utile ? Est-ce que nous considérons que cette partie de nous-mêmes, quelle qu'elle soit, qui est concernée par la justice et l'injustice[3], a moins de prix que le corps ?

CRITON. – En aucun cas.

SOCRATE. – Considérons-nous alors qu'elle est plus précieuse ?

CRITON. – Beaucoup plus.

La vraie question à se poser : est-ce juste ou non.

SOCRATE. – Il ne faut donc absolument pas nous soucier de ce que nous diront les gens mais de ce que diront, et la seule personne qui s'y connaît à propos de ce qui est juste et injuste, et la vérité elle-même[4]. Par conséquent, en

---

1. Socrate revient à l'exemple du gymnaste. \ **2.** Avec cette question, Socrate commence à distinguer la vie qui vaut la peine d'être vécue et celle qui se réduit à la survie. Ce thème va prendre de plus en plus d'importance au fil du dialogue. \ **3.** En continuant d'user de cette périphrase au lieu de nommer l'âme directement, Platon montre qu'il ne s'attache pas dans ce dialogue à élucider la *nature* de l'âme, mais seulement à traiter la question de la *justice* de l'âme. \ **4.** Ce qui revient au même. Socrate dit souvent qu'à travers ses propres paroles, c'est la philosophie elle-même qui s'exprime.

CRITON

premier lieu, tu ne nous conseilles pas correctement en nous conseillant de nous soucier du jugement des gens sur ce qui est juste, ce qui est beau, ce qui est bon et sur leurs contraires. « Mais, pourrait-on nous dire, les gens sont capables de nous faire périr[1]. »

b CRITON. – C'est évident ; on pourrait nous le dire, Socrate.

SOCRATE. – Tu dis vrai, mais, merveilleux Criton, ce discours, que nous venons d'esquisser, me paraît encore semblable à ce qu'il était auparavant. Examine encore cet argument selon lequel il faut faire le plus grand cas, non de vivre, mais de bien vivre, pour savoir s'il tient bon pour nous ou non.

CRITON. – Eh bien ! Il tient toujours.

SOCRATE. – Et celui selon lequel vivre bien, vivre bellement, vivre justement[2] sont une seule et même chose, tient-il bon ou non ?

CRITON. – Cela tient bon.

SOCRATE. – C'est donc à partir des prémisses sur lesquelles nous sommes tombés d'accord[3] qu'il faut examiner s'il est

c juste ou non d'essayer de m'enfuir d'ici sans que les Athéniens[4] m'autorisent à le faire. Si cela semble juste, nous essaierons de nous enfuir, sinon, nous laisserons tomber.

---

1. Socrate passe à un deuxième point : même si l'opinion des gens est sans valeur, ils n'en sont pas moins puissants. Cet argument avait été émis par Criton en 44d. \ **2.** Il y a dans la culture grecque une solidarité essentielle entre le beau et le bon, que l'on retrouve dans l'idéal du *kalos kagathos*, l'homme beau et bon, harmonieux et vertueux. Mais dans la bouche de Socrate, cette identité du beau et du bon prend une valeur bien plus profonde que dans la morale commune. \ **3.** Les prémisses sont les propositions de base d'un raisonnement (voir glossaire, p. 92). Il s'agit ici de l'identité qui vient d'être affirmée entre vivre bien, vivre bellement et vivre justement, et du fait qu'il ne faut pas faire confiance aux opinions de la foule. Mais, comme le dialogue le montrera par la suite, il s'agit aussi de principes considérés comme solidement établis au cours de discussions passées, notamment du principe selon lequel on ne doit jamais se conduire de façon injuste (voir 49a). \ **4.** Socrate a été jugé par un tribunal du peuple, l'Héliée, devant de nombreux juges, citoyens athéniens. La sentence apparaît donc comme l'expression de la volonté des citoyens d'Athènes.

CRITON

Les arguments que toi tu avances, qui concernent la perte des biens, la réputation, l'éducation des enfants, je crains qu'ils ne soient, en vérité, des propos propres à ceux qui condamnent à mort facilement les gens et les ressusciteraient, s'ils le pouvaient, sans aucune réflexion, c'est-à-dire le plus grand nombre[1]. Mais pour nous, puisque la raison l'exige, notre examen ne portera sur rien d'autre que sur ce que nous venons de dire : agirons-nous justement en payant en argent et en remerciements ceux qui me font échapper d'ici, agirons-nous justement, eux en me faisant échapper d'ici et nous en nous échappant ? Ou bien commettrons-nous véritablement une injustice en faisant tout cela[2] ? Et s'il est manifeste que nous agissons injustement, peut-être faut-il ne prendre en compte ni le fait que nous devrons mourir si nous restons ici et nous tenons tranquille, ni le fait que nous devrons subir quelque autre peine, et préférer ne pas commettre d'injustice[3].

CRITON. — Il me semble que tu parles bien, Socrate ; vois donc ce que nous ferons.

---

1. C'est ce qui caractérise le plus grand nombre : agir sans réfléchir, au hasard, sans aucun principe de conduite clair et solide (voir dossier, p. 79 et suiv.). \ **2.** Socrate reformule clairement la question en laissant tomber l'opinion et en se référant désormais exclusivement à la justice. \ **3.** Pour Socrate, c'est plus qu'une éventualité, du moins s'il s'en tient à ce qu'il a toujours dit : rien ne peut être préférable à l'attitude consistant à se conduire selon ce qui est juste (voir par exemple *Apologie de Socrate* 28b-d).

EXAMEN DIALECTIQUE DIRECT

Préalable méthodique.

SOCRATE. – Menons l'examen en commun, mon bon Criton, et si tu peux, en quelque manière, me réfuter, moi qui viens d'argumenter, réfute-moi et je t'écouterai ; sinon arrête de me répéter le même discours, à savoir qu'il faut que je m'échappe d'ici contre le gré des Athéniens. Moi, je tiens vraiment à agir après t'avoir persuadé, et non contre ton gré. Vois si le début de l'argument te semble convenable et essaye de répondre à la question conformément à ce que tu penses réellement[1].

CRITON. – Eh bien ! Je vais essayer.

Rappel d'un principe commun : on ne doit jamais être injuste, même quand on subit une injustice.

SOCRATE. – Disons-nous que nous ne devons en aucun cas être injustes de notre plein gré ou bien que nous devons l'être dans certains cas et non dans d'autres ? Ou alors le fait d'être injuste n'est-il jamais bon ni beau comme nous l'avions accordé auparavant ? Ou alors tous ces

---

1. Cette franchise est primordiale dans la méthode dialectique, dont l'essentiel est résumé dans cette réplique de Socrate (voir dossier, p. 83 et suiv.).

arguments sur lesquels nous sommes tombés d'accord précédemment se sont-ils dissipés en si peu de jours ? Se peut-il que des hommes aussi âgés que nous aient discuté longtemps, avec sérieux, sans se rendre compte qu'ils ne différaient en rien d'enfants ? Ou bien, la vérité n'est-elle pas plutôt dans ce que nous avons dit alors : que les gens le reconnaissent ou non, qu'il nous faille supporter un sort plus difficile que celui-ci ou plus doux, à chaque fois le fait d'être injuste est, dans tous les cas, pour celui qui est injuste, mauvais et hideux. L'affirmons-nous ou non ?

CRITON. – Nous l'affirmons.

SOCRATE. – Il ne faut donc jamais être injuste.

CRITON. – Absolument.

SOCRATE. – Il ne faut donc pas même répondre par une injustice lorsqu'on a subi une injustice, comme le pensent les gens, puisqu'il ne faut jamais être injuste.

CRITON. – Il semble que non[1].

SOCRATE. – Et alors ? Faut-il faire du mal ou non ?

CRITON. – Certainement pas, Socrate.

SOCRATE. – Mais alors ? Faire du mal en retour quand on a subi un mal, est-ce juste, comme le disent les gens, ou n'est-ce pas juste ?

CRITON. – En aucun cas.

SOCRATE. – En fait, faire du mal aux hommes n'est en rien différent d'être injuste.

CRITON. – Tu dis vrai.

SOCRATE. – Il ne faut donc ni répondre à l'injustice par l'injustice ni faire du mal à un homme, pas même s'il te fait

---

1. Criton avait donc tort d'accuser Socrate de se comporter de manière injuste en laissant triompher ses ennemis : il se contredit lui-même s'il exhorte Socrate à se venger alors qu'il pense qu'on ne doit pas rendre le mal pour le mal (voir 45c).

CRITON

d subir un tort, quel qu'il soit. Mais veille, Criton, si tu m'accordes cela, à ne pas être en désaccord avec ta propre opinion. Je sais que cela ne paraît juste, et que cela ne continuera à paraître juste, qu'à un petit nombre. Entre ceux à qui cela paraît juste et ceux à qui cela ne le paraît pas, il n'y a pas de délibération commune possible, mais, nécessairement, ils se méprisent réciproquement en voyant leurs avis respectifs[1]. Examine donc vraiment si tu t'associes à moi et partages la même opinion ; commençons donc à délibérer sur ce point, à savoir qu'il n'est jamais correct ni d'être injuste ni de répondre à l'injustice par l'injustice ni de se venger en faisant du mal quand on en a soi-même subi ; dis-moi si tu t'éloignes

e de cette position et si tu ne t'associes pas à moi sur ce point de départ. En ce qui me concerne, j'ai cette opinion depuis longtemps[2] et j'en reste encore à elle maintenant. Si, de ton point de vue, les choses te semblent en aller autrement, parle et enseigne-le moi ; si, en revanche, tu en restes à ce que l'on a dit auparavant, écoute ce qui en découle.

CRITON. – Eh bien, j'en reste à ce qui a été dit auparavant et je partage cette opinion avec toi ; alors, parle.

---

1. On en a une illustration frappante dans le *Gorgias*, où l'échange entre Socrate et Calliclès tourne court, Calliclès menaçant Socrate de manière à peine voilée avant de s'enfermer dans un mutisme plein d'arrogance. Terminant seul la discussion, Socrate lui assène que son discours est « sans aucune valeur » (*Gorgias* 527e), sur quoi tout le monde se sépare. \ **2.** Cette idée est démontrée dans *La République*, dont le livre I est vraisemblablement écrit à la même époque que le *Criton* : « ce n'est donc pas l'œuvre de l'homme juste que de nuire, [...] ni à son ami ni à quiconque, mais c'est au contraire l'œuvre de l'homme injuste. [...] Si donc quelqu'un soutient que le juste consiste à rendre à chacun ce qui lui est dû, et s'il veut dire par là, en pensant à l'homme juste, qu'il doit rendre du mal à ses ennemis, mais qu'il doit aider ses amis, il ne sera pas sage en s'exprimant de la sorte. Car alors il n'a pas dit vrai : en aucun cas il ne nous a semblé juste de faire du mal à qui que ce soit » (335d-e). Ce principe est la prémisse sur laquelle repose tout le raisonnement de Socrate.

CRITON

SOCRATE. – Je t'explique donc ce qui en découle, ou plutôt je vais t'interroger[1]. Quand on tombe d'accord avec quelqu'un pour dire qu'un acte est juste, faut-il accomplir cet acte ou faut-il tromper son monde ?

CRITON. – Il faut l'accomplir.

SOCRATE. – À partir de cela, réfléchis. Si nous nous enfuyons d'ici sans avoir convaincu la cité, faisons-nous du mal à des gens, en particulier à ceux à qui il faut le moins en faire, oui ou non ? Et en restons-nous à ce que nous avons reconnu comme juste, oui ou non ?

CRITON. – Je ne peux répondre, Socrate, à ce que tu demandes ; en effet, je ne comprends pas.

---

1. Par cette allusion à la méthode dialectique, Platon rappelle que Socrate prétendait ne rien savoir et qu'il fondait sa pratique philosophique sur sa capacité d'interroger les gens (voir *Protagoras* 336c) : stérile lui-même comme le sont les sages-femmes qui font accoucher les corps, il pratique la « maïeutique », l'art de faire accoucher les esprits (voir *Théétète* 149a-151d).

PROSOPOPÉE[1] DES LOIS
EXAMEN DIALECTIQUE
PAR RÉFUTATION

PREMIER MOMENT
L'INDIVIDU N'A PAS À S'OPPOSER AUX LOIS

Désobéir aux lois, c'est les détruire.

SOCRATE. – Eh bien! Examine la chose de cette manière: si,
alors que nous sommes sur le point de nous évader d'ici,
ou quelle que soit la manière d'appeler notre action[2], les
lois et les règles communes de la cité venaient, se tenaient
devant nous et nous demandaient: « Dis-nous, Socrate,

b   qu'as-tu en tête de faire? Que médites-tu d'autre, par cet
acte que tu entreprends, que de détruire les lois et la cité
tout entière, autant que c'est en ton pouvoir? Crois-tu que
cette cité puisse continuer encore à exister et ne soit pas
renversée[3], si les décisions de justice rendues sont sans effet

---

1. Une prosopopée est une sorte d'allégorie: c'est une figure par laquelle on fait parler
un mort, un animal ou, comme c'est le cas ici, une idée personnifiée. \ **2.** Socrate nuance
ici son propos car le verbe grec traduit par « s'évader » désigne au sens strict le comportement d'un esclave qui prend la fuite. Il suggère par là qu'une évasion révélerait chez
lui un caractère vil (voir aussi 52d et 53d). \ **3.** Désobéir aux lois est une attitude comparable à celle qui consiste à faire couler le navire sur lequel on est embarqué (voir
République III, 389d).

mais tenues comme sans valeur et détruites par de simples particuliers ? »

Que répondrons-nous, Criton, à cela et à des considérations semblables ? En effet, on pourrait beaucoup parler, surtout si l'on est orateur[1], pour défendre cette loi, menacée de destruction, qui ordonne que les décisions de justice, une fois rendues, soient souveraines. Leur répondrons-nous alors : « La cité a été injuste avec nous et n'a pas rendu une décision de justice correcte[2] ! » Que répondrons-nous, cela ou autre chose ?

CRITON. – Par Zeus, nous répondrons cela, Socrate.

L'individu n'est pas sur le même plan que les lois.

SOCRATE. – Mais si les lois répliquent : « Socrate, est-ce là ce sur quoi nous étions tombés d'accord, toi et nous, ou bien n'avions-nous pas convenu de rester fidèles aux décisions de justice que prendrait la cité ? »

Si nous nous étonnions de ce qu'elles demandent, peut-être diraient-elles : « Socrate, ne t'étonne pas de ce qui est dit, mais réponds, puisque tu as l'habitude d'utiliser la méthode qui consiste à questionner et à répondre[3]. Poursuis : que nous reproches-tu, à nous et à la cité, pour entreprendre de nous détruire ? Tout d'abord, n'est-ce pas nous qui t'avons donné naissance ? En effet, c'est par notre intermédiaire que ton père a épousé ta mère et t'a engendré. Explique-

---

1. Tout citoyen avait la possibilité de mettre une loi en accusation s'il la jugeait injuste. La loi subissait alors une sorte de procès, où un orateur professionnel – on dirait aujourd'hui un avocat – pouvait être chargé de la défendre. \ **2.** Il n'y a en effet pas d'autre argument recevable pour qui veut se soucier de la justice. C'est donc le seul argument que Socrate pourrait utiliser pour justifier son évasion. \ **3.** Il s'agit de la dialectique, méthode qui transpose dans la discussion la forme même de la pensée, considérée par Platon comme « une discussion que l'âme elle-même poursuit tout du long avec elle-même à propos des choses qu'il lui arrive d'examiner. [...] Car voici ce que me semble faire l'âme quand elle pense : rien d'autre que dialoguer, s'interrogeant elle-même et répondant, affirmant et niant » (*Théétète* 189d-190a). Voir dossier, p. 83 et suiv.

toi donc : reproches-tu quelque chose à certaines d'entre nous, à celles qui réglementent les mariages, sous prétexte qu'elles ne sont pas bonnes ? »

Je ne leur reproche rien, dirais-je.

« Mais alors, à celles qui portent sur le soin et l'éducation de l'enfant conformément auxquelles tu as été éduqué, que reproches-tu ? Celles d'entre nous qui s'appliquent à ce domaine n'ordonnaient-elles pas de bonnes choses, en enjoignant à ton père de te former en musique et en gymnastique[1] ? »

Si, dirais-je.

« Soit. Puisque tu as été engendré, élevé, éduqué, pourrais-tu dire que tu n'étais pas comme notre rejeton et notre esclave, toi, tout comme tes ancêtres ? Et s'il en est ainsi, penses-tu que nous soyons égaux, toi et nous, devant la justice, et crois-tu qu'il soit juste que tu répondes, en agissant ainsi, à ce que nous entreprenons de te faire ? Ou alors quoi ? Tu n'étais pas sur un pied d'égalité devant la justice avec ton père et avec ton maître, si tu te trouvais en avoir un[2], de sorte que tu ne pouvais répondre en retour à ce que tu avais subi, ni injurier après avoir été injurié, ni frapper après avoir été frappé et ainsi de suite ; et avec la patrie et les lois, cela te serait possible de sorte que, si nous entreprenons de te faire mourir parce que nous pensons que cela est juste, toi aussi tu entreprendrais en retour de nous faire périr, nous les lois et ta patrie, autant que cela t'est possible ? Et tu dirais que tu agis justement en faisant cela, toi qui,

---

1. L'éducation du jeune Athénien repose sur trois maîtres : le maître de gymnastique, le maître de musique et le maître d'écriture. Dans *La République*, Platon distingue « l'exercice gymnastique pour ce qui est des corps, l'entretien des Muses pour ce qui est de l'âme » (376e). \ **2.** Socrate est de condition libre et non pas servile. Ce n'est qu'une analogie : il doit aux lois la même obéissance que celle qu'un esclave doit à son maître, ou un enfant à ses parents. La suite du passage montre même qu'il leur est redevable plus encore qu'à ses parents. Voir dossier, p. 63 et suiv.

CRITON

en vérité, te soucies de la vertu ? Es-tu si sage que tu as oublié que la patrie est chose plus honorable, plus sainte, plus sacrée et plus estimée que ta mère, ton père et tous tes ancêtres tant aux yeux des dieux qu'aux yeux des hommes dotés d'intelligence ? »

Désobéir est triplement injuste.

SOCRATE. – « Es-tu si sage [diraient les lois] que tu as oublié qu'il faut donc vénérer la patrie, lui céder, la choyer plus qu'un père quand elle se fâche contre toi, qu'il faut soit la convaincre[1], soit faire ce qu'elle ordonne, qu'il faut subir calmement ce qu'elle donne l'ordre de subir, que ce soit les coups, la prison ou la guerre où l'on sera blessé ou mourra ? Voilà ce qu'il faut faire, et ce n'est que justice. Il ne faut ni céder, ni reculer, ni quitter le rang, mais à la guerre, au tribunal, partout, il faut faire ce que la cité et la patrie ordonnent[2] ou les convaincre en leur montrant en quoi consiste la justice. N'est-il pas impie de faire violence à une mère, à un père, et plus qu'à eux encore de faire violence à la patrie ? »

Que répondrons-nous à cela, Criton ? Les lois disent-elles vrai ou non ?

CRITON. – Il me semble qu'elles disent vrai.

SOCRATE. – « Examine donc, Socrate, diraient peut-être les lois, si ce que nous disons est vrai, à savoir qu'il n'est pas juste que tu entreprennes de nous faire ce que tu entreprends aujourd'hui : car nous qui t'avons engendré, nous

---

1. Voir note 1, p. 28. \ **2.** « Voici en effet, Athéniens, comment, en vérité, il faut se comporter : quiconque, pour l'avoir jugée la meilleure, s'est assigné à lui-même une place, ou y a été mis par un supérieur, a le devoir, selon moi, d'y demeurer ferme et d'en assumer les risques, sans rien faire entrer en ligne de compte, ni la mort ni aucun autre risque, avant celui du déshonneur » (*Apologie de Socrate* 28d). Les faits d'armes de Socrate montrent qu'il fut en sa jeunesse un soldat exemplaire.

CRITON

qui t'avons nourri, nous qui t'avons éduqué, nous qui t'avons donné ta part de tous les biens dont nous disposions, à toi et à tous les autres citoyens, nous déclarons, pourtant, que nous accordons la liberté à celui des Athéniens qui le veut – une fois qu'il est mis en possession de ses droits civiques[1] et qu'il nous a vues, nous les lois ainsi que les affaires de la cité –, liberté de pouvoir aller là où il veut en emportant ses biens si nous ne lui plaisons pas. À celui d'entre vous qui veut soit partir dans une colonie parce que la cité et nous ne lui plaisons pas, soit émigrer pour aller ailleurs[2], aucune de nous, les lois, ne lui fait obstacle ni ne lui interdit d'aller là où il veut aller en emportant ses biens. Mais celui qui reste en voyant la manière dont nous rendons la justice et dont nous gouvernons la cité, nous disons alors que celui-ci est, de fait, d'accord avec nous pour faire ce que nous lui ordonnerons[3] ; et nous disons que celui qui ne nous obéit pas est triplement injuste : parce qu'il ne nous obéit pas à nous qui l'avons engendré, parce qu'il ne nous obéit pas à nous qui l'avons nourri, parce que, alors même qu'il était d'accord pour nous obéir, il n'obéit pas ni ne cherche à nous convaincre si jamais nous n'agissons pas bien[4] ; alors que nous lui avions proposé de faire ce que nous ordonnons sans l'imposer avec violence mais en lui laissant le choix soit de nous convaincre soit de faire ce que nous ordonnons, il ne fait ni l'un ni l'autre. Nous le proclamons, tu es concerné, toi aussi, Socrate, par

---

1. Il s'agit de la docimasie où l'on contrôle si les jeunes gens devenant éphèbes remplissent les conditions pour pouvoir devenir citoyens athéniens. \ **2.** Athènes, puissance maritime, avait de nombreuses colonies, plus ou moins autonomes, dans le monde méditerranéen. Le développement des échanges commerciaux laissait en outre de nombreuses possibilités d'émigration vers d'autres cités. \ **3.** Nul besoin de donner explicitement son accord : le fait de vivre sur le sol d'Athènes implique qu'on en reconnaît les lois. \ **4.** Trois manières d'être injuste : par ingratitude, par tromperie et par défaut de participation aux affaires publiques.

CRITON

ces accusations si jamais tu fais ce que tu médites, toi pas moins que les autres Athéniens, et même plus encore qu'eux. »

SECOND MOMENT
LE CAS SOCRATE

Ce raisonnement s'applique à Socrate plus qu'à tout autre.

SOCRATE. – Si moi je répondais alors : « Pourquoi donc ? » Sans doute, à juste titre, s'adresseraient-elles à moi en disant que plus que les autres Athéniens, moi, je me trouve
b avoir passé avec elles cet accord. Elles me diraient : « Socrate, nous avons d'importantes preuves que nous, comme la cité, te plaisions : tu n'aurais pas, en effet, vécu ici en permanence, davantage que les autres Athéniens, si nous ne t'avions pas plu davantage qu'à eux. Tu n'es jamais sorti de la cité ni pour une fête, excepté une seule fois à l'Isthme[1], ni pour aller nulle part ailleurs, si ce n'est en expédition militaire, tu n'as pas fait de voyage à l'étranger comme les autres hommes, tu n'as même pas
c eu envie de connaître une autre cité ni d'autres lois, mais notre cité et nous te convenions. Ainsi, c'est de tout cœur que tu nous as choisies et que tu as donné ton accord pour vivre en citoyen sous notre autorité ; en plus, tu as aussi fait des enfants ici, tant la cité te plaisait. Plus encore, pendant ton procès, il t'était permis, si tu le voulais, d'évaluer ta peine à l'exil[2] et de faire, avec l'accord de la cité,

---

1. Sans doute pour les jeux isthmiques qui se déroulaient à l'isthme de Corinthe.
\ **2.** Dans les procès athéniens, un accusé reconnu coupable avait la possibilité de proposer la peine qu'il estimait mériter. Les juges tranchaient alors entre celle demandée par l'accusateur et celle proposée par l'accusé. Or Socrate a dit clairement qu'il n'envisageait pas l'exil et préférait la mort (voir *Apologie de Socrate* 37c-38a).

CRITON

ce que tu entreprends désormais contre son gré. Toi, alors, tu te vantais de mourir, s'il le fallait, sans t'indigner ; tu préférais, disais-tu, la mort à l'exil. Maintenant, tu n'as pas honte d'avoir tenu ces discours et tu ne te préoccupes pas de nous, les lois, puisque tu entreprends de nous détruire ; tu fais ce que ferait l'esclave le plus veule en essayant de t'enfuir au mépris des engagements et des accords passés selon lesquels tu nous avais promis de vivre en citoyen[1]. Réponds-nous donc d'abord sur ce point : disons-nous la vérité quand nous disons que tu as donné ton accord pour vivre en citoyen sous notre autorité dans les actes et pas seulement en paroles, ou bien mentons-nous ? »

Que dirons-nous à cela, Criton, sinon que nous sommes d'accord ?

CRITON. — C'est nécessaire, Socrate.

SOCRATE. — « Tu ne fais rien d'autre, diraient-elles, que de violer les accords et engagements que tu as avec nous alors que tu avais donné ton accord sans être contraint, alors que nous ne t'avions pas trompé, alors que tu n'étais pas obligé de te décider en peu de temps, puisque tu as eu soixante-dix ans durant lesquels il t'était possible de partir si nous ne te plaisions pas, nous, et si les accords ne te paraissaient pas justes. Or tu n'as choisi ni Lacédémone[2] ni la Crète dont tu dis, à chaque fois, qu'elles ont une bonne législation, ni aucune autre cité grecque ni barbare[3], mais tu as moins quitté la cité que les boiteux, les aveugles et autres infirmes. Ainsi, la cité, et nous les lois, te plaisions davantage qu'aux autres Athéniens, c'est évident : à qui, en effet,

---

1. Socrate aurait alors passé sa vie à « tromper son monde » (49e). \ **2.** Lacédémone, c'est-à-dire Sparte, cité rivale d'Athènes, fonctionne selon des principes autoritaires à l'opposé de la démocratie athénienne : en la citant en exemple, Socrate montre qu'il ne professe pas une obéissance aveugle, et qu'il peut aussi faire preuve d'esprit critique à l'égard d'Athènes. \ **3.** « Barbare » signifie ici étranger.

CRITON

une cité pourrait-elle plaire si ses lois ne lui plaisaient pas ? Et maintenant, tu n'es pas fidèle aux accords passés ? Si, à condition de nous obéir, Socrate ; ainsi tu ne te ridiculiseras pas en quittant la cité. »

Socrate n'a rien à gagner en s'enfuyant.

SOCRATE. – « Examine bien cela [diraient les lois] : si tu violes ces accords et trahis l'un d'eux, qu'apporteras-tu de bon à
b   toi-même ou à tes amis ? Que tes amis courront le risque d'être exilés et privés de leur cité ou spoliés de leur richesse, c'est à peu près évident[1] ; mais toi, en premier lieu, si tu te rends dans une des cités les plus proches, Thèbes ou Mégare – toutes deux ont de bonnes lois[2] –, tu arriveras en ennemi de leur constitution, Socrate, et tous ceux qui se soucient de leur propre cité te regarderont avec défiance puisqu'ils te considéreront comme quelqu'un qui viole les lois. Tu confirmeras l'opinion que les juges ont eue de toi
c   au point qu'ils estimeront avoir rendu correctement la justice. Celui qui viole les lois, en effet, pourrait sembler, presque à coup sûr, être un corrupteur des jeunes et des faibles d'esprit[3]. Fuiras-tu donc les cités qui ont de bonnes lois et les hommes les mieux réglés ? Et si tu agis ainsi, vaudra-t-il la peine de vivre ? Ou bien te rapprocheras-tu des gens honnêtes et auras-tu l'impudence de discuter avec eux ? Quels discours tiendras-tu, Socrate ? Ceux que tu tiens ici même, que la vertu et la justice sont ce qu'il y a de plus estimable pour les hommes ainsi que les coutumes

---

1. Criton a minimisé ce risque, mais c'était pour mieux persuader Socrate de s'enfuir. \ **2.** Encore deux exemples qui montrent que si Socrate n'a jamais quitté Athènes, il ne se désintéresse pas pour autant de ce qui se passe en dehors. Il compte de nombreux disciples à Thèbes, comme Simmias et Cébès, et à Mégare. \ **3.** On retrouve là un des chefs d'accusation de Mélétos contre Socrate (voir *Apologie de Socrate* 24b-c) : Socrate a été accusé de corrompre la jeunesse, de ne pas reconnaître les dieux de la cité et d'introduire des dieux nouveaux.

CRITON

d et les lois ? Ne crois-tu pas que cette attitude de Socrate paraîtra inconvenante ? Il faut le croire. Eh bien, tu t'éloigneras de ces lieux et tu iras en Thessalie chez les hôtes de Criton ? Là-bas, en effet, il y a bien plus de désordre et de relâchement, et peut-être t'écouteront-ils raconter comment tu t'es enfui, de manière ridicule, de la prison, déguisé ou habillé de cuir comme un esclave ou de quelque autre tenue que les fugitifs ont l'habitude de revêtir, après avoir aussi changé ton apparence. N'y aura-t-il personne pour dire que toi, un vieil homme à qui il reste, apparemment, peu
e de temps à vivre, tu as eu l'impudence de t'accrocher ainsi avidement à la vie en violant les plus grandes lois ? Peut-être, si tu ne gênes personne ; mais sinon, Socrate, tu entendras de nombreux propos indignes de toi. Tu vivras donc en flattant tout un chacun et en te comportant comme un esclave[1] – que feras-tu d'autre que festoyer en Thessalie[2] comme si tu étais parti là-bas pour un dîner ? Et ces discours
54a que tu nous tenais sur la justice et les autres vertus, où seront-ils ?

Mais peut-être est-ce à cause de tes enfants que tu veux vivre, afin de les élever et de les éduquer ? Comment ? Tu les emmèneras en Thessalie, c'est là que tu les élèveras et les éduqueras, tu en feras des étrangers afin qu'ils profitent aussi de cette situation[3]. Et si tu ne fais pas cela, si tu les laisses ici, seront-ils mieux élevés et éduqués, sans t'avoir à leurs côtés alors que tu es vivant ? Tes amis, en effet, prendront soin d'eux. Si tu pars en Thessalie, ils en prendront

---

1. C'est exactement ce que Socrate reproche au poète de cour Simonide (voir *Protagoras* 346b). Selon Platon, tout flatteur finit par intérioriser la bassesse de celui qui l'écoute au point de se rendre semblable à lui (voir *Gorgias* 511a-513c). \ **2.** En faisant de la Thessalie la patrie des amis de la débauche, où il serait contraint de se réfugier s'il fuyait, Socrate fait comprendre que la seule direction à prendre s'il veut conserver sa dignité est celle de l'Hadès (c'est-à-dire de la mort, voir note 1, p. 36). \ **3.** La formule est ironique : la situation d'exilé n'est pas enviable.

CRITON

b soin ; mais si tu pars vers l'Hadès[1], n'en prendront-ils pas soin aussi ? Si vraiment ceux qui se disent tes amis sont un soutien, il faut croire qu'ils prendront soin d'eux[2]. »

Conclusion : Criton se rend aux arguments de Socrate.

SOCRATE. – « Eh bien ! Socrate [diraient les lois], écoute-nous, nous qui t'avons élevé, ne fais pas plus de cas de tes enfants, de la vie ou de quoi que ce soit d'autre que de la justice, afin qu'une fois arrivé dans l'Hadès[3], tu puisses te défendre avec tous ces arguments auprès de ceux qui commandent là-bas ; ici-bas, si tu t'évades, ta conduite ne semble ni meilleure ni plus juste ni même plus pieuse, ni pour toi ni pour aucun des tiens, et là-bas[4], une fois arrivé, elle ne t'apportera rien de bon[5]. Si tu nous quittes[6] maintenant, tu nous quittes jugé injustement non par nous, les lois,

c mais par les hommes[7] ; mais si tu t'enfuis ainsi honteusement en ayant répondu à l'injustice par l'injustice et au mal par le mal, en ayant violé les accords et conventions que tu avais passés avec nous et en ayant fait du mal à ceux à qui il fallait le moins en faire, à toi-même et tes amis, à la patrie, à nous, nous nous fâcherons contre toi tant que

---

1. L'Hadès est, chez les Grecs, le royaume des morts. \ **2.** Réponse directe à l'argument de Criton (voir 45d). Un père en exil ne serait pas moins absent qu'un père mort et donnerait un exemple déplorable à ses enfants. Socrate demande ici implicitement à Criton de prendre en charge ses enfants après sa mort. C'est la preuve que malgré leur désaccord présent, il considère son vieil ami comme un homme de confiance. \ **3.** Il s'agit du royaume des morts mais aussi, chez Platon, du pays de l'invisible où l'âme peut exister sans devoir subir les contraintes du corps. Platon est convaincu que dans l'Hadès, les âmes seront jugées sur leur justice, sans faux-semblants ni artifices (voir dossier, p. 85 à 88). \ **4.** C'est-à-dire dans l'Hadès. \ **5.** Le sort après la mort étant considéré comme conforme à la vie qui a été menée. \ **6.** Au sens de mourir. \ **7.** Le problème réside dans le fait que ce sont des hommes qui appliquent les lois (comme cela était déjà suggéré en 50c). Quelle que soit la perfection des lois, celle des décisions de justice n'est jamais acquise et Socrate en fait les frais bien qu'il ait eu droit à un procès équitable. On peut y voir une des origines du pessimisme politique de Platon, d'abord révolté par cette condamnation, puis de plus en plus conscient de la difficulté « d'administrer correctement les affaires de la cité » (*Lettre VII*, 325c).

CRITON

tu vivras ; et là-bas, nos sœurs, les lois de l'Hadès, ne t'accueilleront pas avec bienveillance si elles apprennent que tu as entrepris de nous détruire de ton côté. Eh bien ! n'écoute pas ce que Criton te dit de faire, mais écoute ce que nous te disons[1]. »

Cela, mon cher ami Criton, sache bien que j'ai l'impression de l'entendre comme les Corybantes[2] ont l'impression d'entendre les flûtes, et en moi le son de ces arguments bourdonne et fait que je ne peux pas en entendre d'autres. Alors sache que, pour ce que j'en pense aujourd'hui, si tu parles contre ces arguments, tu parleras en vain ; cependant, si tu penses prendre l'avantage, parle.

CRITON. – Eh bien ! Socrate, je ne peux pas en dire plus[3].

SOCRATE. – Laisse donc et agissons conformément à ce que j'entends, puisque le dieu nous conduit sur ce chemin.

---

1. Au terme de cet échange, le conseil de Criton se trouve en concurrence avec celui des lois, qui par leurs arguments solides sont l'expression de la raison elle-même, alors que Criton relayait des craintes et des opinions non fondées. Socrate étant déjà convaincu, il s'agit surtout de savoir si Criton reconnaît lui aussi la valeur de cette argumentation. \ **2.** Les Corybantes sont les danseurs qui accompagnaient la déesse Cybèle ; le terme désigne aussi les hommes participant à des rites d'initiation où la musique et la danse jouent un rôle très important. Lorsque les Corybantes sont en transe, ils deviennent sourds à tout autre son que celui des instruments. De même, aux oreilles de Socrate, rien ne peut crier plus fort que les arguments qui viennent d'être énoncés, pas même la crainte de la mort (voir 46c) ou les incantations de Criton (voir 48e). \ **3.** La méthode dialectique réserve toujours la possibilité de réfuter ce qui vient d'être dit si l'interlocuteur pense être en mesure de développer une objection. Mais Criton n'a plus d'arguments à faire valoir.

DOSSIER

L'ARCHITECTURE DE L'ŒUVRE

41

L'AUTEUR ET LE CONTEXTE

48 **Chronologie**

50 **Repères biographiques**

51 **Le *Criton* dans l'œuvre de Platon**

LES PROTAGONISTES DU DIALOGUE

55 **Criton : l'ami du philosophe**

56 **Socrate entre philosophie et politique**

THÈMES ET PROBLÉMATIQUES

63 **Les lois et les hommes**
63 De la dépendance à l'obéissance
66 La force des conventions
68 Le légal et le légitime
70 Socrate et la démocratie athénienne

72 **Vivre bien : justice et bonheur**
72 Justice et vengeance
74 La hiérarchie des biens
77 La mort plutôt que l'injustice

79 **Choisir la philosophie**
79 Le philosophe et « les gens »
81 La rhétorique de Criton
83 La dialectique
85 Socrate et le divin
87 Un beau risque à courir

OUTILS COMPLÉMENTAIRES

91 **Glossaire**
Agora • Analogie • Apologie •
Démon • Dialectique/Rhétorique •
Maïeutique • Paradoxe • Prémisses •
Prosopopée • Sophistes • Vertu

93 **Bibliographie**

L'ARCHITECTURE
DE L'ŒUVRE

Sont mises en évidence ici les principales articulations du *Criton*.

PRÉAMBULE (43a-44b)

1. Une visite bien matinale (43a-43c).
2. Une triste nouvelle (43c-43d).
3. Un rêve étrange (44a-44b).

ARGUMENTAIRE DE CRITON (44b-46a)

1. Criton expose les malheurs qui l'accableront (44b-44d) :
a) la perte d'un ami irremplaçable (44b) ;
b) la ruine de sa réputation (44b-44c).
c) Socrate esquisse une réponse (44c-44d).

2. Criton tente de lever les craintes de Socrate (44e-45c) :
a) pour ses amis (44e-45b) ;
b) pour lui-même (45b-45c).

3. Criton veut dissuader Socrate de répandre la honte (45c-46a) :
a) sur lui-même, par sa conduite injuste (45c) ;
b) sur sa famille, par sa lâcheté (45c-45d) ;
c) sur ses amis, par son immobilisme (45e-46a).

L'ARCHITECTURE DE L'ŒUVRE

II. SOCRATE RÉPOND À CRITON (46b-48d)

1. Socrate oppose l'examen à l'empressement (46b-46d).

a) Il faut se fier à son raisonnement, pas à ses craintes (46b-46c).

b) La valeur d'un principe ne dépend pas des circonstances (46d).

2. Socrate développe sa première réponse (46d-47b).

a) Tous les jugements ne se valent pas (46d-47a).

b) Il faut se fier au jugement des gens sensés (47a-47b).

3. Illustration par une analogie (47b-48a) :

a) pour le corps (47b-47c) comme pour l'âme (47c-47d),

b) sous peine de conséquences fâcheuses pour le corps (47d-e) comme pour l'âme (47e-48a),

c) il est toujours préférable de faire confiance à ceux qui s'y connaissent (48a) ;

d) donc Criton a tort de s'en remettre au jugement du grand nombre (48a).

4. Sur quoi doit porter l'examen (48a-48d).

a) Socrate se fait une objection : les gens n'ont pas le savoir, mais ils ont le pouvoir (48a).

b) Cependant, bien vivre est plus important que vivre (48b).

c) Les arguments de Criton sont sans valeur car il faut raisonner à partir de prémisses communes (48b-48c).

d) La vraie question à se poser : est-ce juste ou non (48c-48d).

e) Criton est d'accord (48d).

II. EXAMEN DIALECTIQUE DIRECT (48d-50a)

1. Préalable méthodique (48d-49a).

2. Socrate conduit l'examen (49a-50a).

a) Rappel d'un principe commun : on ne doit jamais être injuste, même quand on subit une injustice ; on ne doit donc jamais faire du mal à quiconque (49a-c).

b) Ce n'est certes pas l'opinion du grand nombre, mais c'est celle de Socrate et c'est celle de Criton (49d-49e).

c) Or, fuir serait un acte injuste car cela ferait du mal à des gens (49e-50a).

3. Criton ne comprenant pas ce dernier point, Socrate change de méthode : il fait l'hypothèse de la fuite et discute avec les lois (50a).

V. PROSOPOPÉE DES LOIS EXAMEN DIALECTIQUE PAR RÉFUTATION (50a-54e)

1er MOMENT : L'INDIVIDU N'A PAS À S'OPPOSER AUX LOIS (50a-52a)

1. Désobéir aux lois, c'est les détruire (50a-50c).

2. L'individu n'est pas sur le même plan que les lois (50c-51b) :
a) il s'est engagé à obéir (50c) ;
b) il doit sa naissance aux lois (50d) ;
c) il doit son éducation aux lois (50d-e).
d) Illustration par une analogie (50e-51b).

3. En cas de désaccord, il y a des recours légaux (51b-51e) : obéir n'empêche pas de discuter (51b) ou de partir (51d-51e).

4. Désobéir est donc triplement injuste (51e-52a).

L'ARCHITECTURE DE L'ŒUVRE

2e MOMENT : LE CAS SOCRATE (52a-54e)

1. Ce raisonnement s'applique à Socrate plus qu'à tout autre (52a-53a) :

a) parce qu'il a montré son attachement à la cité (52b-52d) ;

– en ne partant jamais (52b)

– en se battant pour sa patrie (52b)

– en fondant une famille (52c)

– en disant préférer la mort à l'exil (52c)

– ce sont autant d'engagements qu'il ne peut trahir (52c-52d)

b) parce qu'il a montré son attachement aux lois de la cité (52d-53a).

– en s'engageant librement à leur obéir (52d-52e)

– en ne préférant pas d'autres législations pourtant bonnes (52e-53a)

c) Conclusion : Socrate est lié plus que tout autre citoyen à Athènes et à ses lois, du moins en paroles (53a).

2. Socrate n'a rien à gagner en s'enfuyant (53a-54b) :

a) ni pour ses amis (53a-b) ;

b) ni pour lui-même (53b-53e) ;

– il donnera raison à ses juges (53b-53c)

– dans les bonnes cités, il sera traité en paria (53c-d)

– et dans les mauvaises, il vivra en esclave (53d-54a)

c) ni pour ses enfants (54a-54b).

– mauvais exemple s'il les emmène, absent s'il ne les emmène pas (54a)

– mort ou exilé, ce sont ses amis qui s'en occuperont (54a-54b)

3. Conclusion (54b-54e).

a) Le jugement dans l'Hadès (54b-54d).

b) L'argument qui crie le plus fort (54d).

c) Criton se rend aux arguments de Socrate (54d-54e).

L'AUTEUR
ET LE CONTEXTE

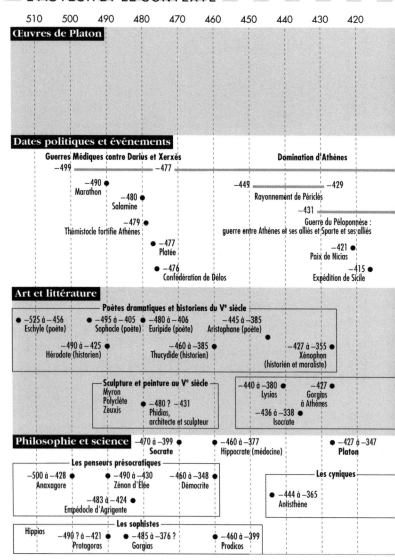

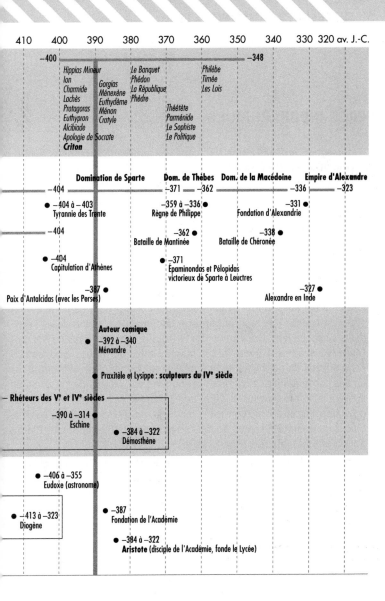

L'AUTEUR ET LE CONTEXTE

REPÈRES BIOGRAPHIQUES

Platon est né vers 428 avant J.-C. dans une famille de l'aristocratie athénienne. Il se destine d'abord, comme son éducation l'y prépare, à exercer des responsabilités politiques. Mais, fasciné par Socrate, ce maître qui se défend de vouloir faire des disciples, Platon décide de consacrer sa vie à la philosophie.

Athènes est en guerre contre Sparte depuis 431 avant J.-C. Ruinée et affaiblie par des dissensions internes, la cité qui inventa la démocratie s'effondre en 404 avant J.-C. devant sa rivale de toujours, et tombe sous la tyrannie des Trente. La démocratie ne tarde pas à être rétablie, mais le déclin est profond et ancien. Il n'est pas seulement militaire et économique, il est aussi moral et politique : depuis le procès de Périclès[1] en 430 avant J.-C., l'instabilité perdure, la démagogie règne et les scandales se succèdent. Dans ce contexte troublé, les invectives de Socrate (469-399 avant J.-C.) contre les responsables politiques trouvent un écho auprès d'une partie de la jeunesse athénienne, ce qui aura pour lui des conséquences tragiques : cet homme qui « fut le meilleur, le plus sensé aussi et le plus juste » (*Phédon* 118a) est condamné par Athènes pour impiété et corruption de la jeunesse en 399 avant J.-C. Socrate boit alors la ciguë[2] entouré de tous ses disciples, à l'exception de Platon qui en était « malade » (*Phédon* 59b).

Platon raconte lui-même dans une lettre autobiographique à quel point il fut ulcéré par la mort de Socrate. Au fil de sa vie, cette colère se transforme peu à peu en pessimisme politique : « Moi qui, bien sûr, observais ces choses et les hommes qui faisaient de la politique, raconte-t-il

---

1. Périclès domina la vie politique athénienne durant de nombreuses années et bénéficiait d'une grande popularité. Malgré cela, des Athéniens lui intentèrent un procès à la suite duquel, déchu de ses droits civiques, il se retira de la vie politique. \ **2.** La ciguë est une plante très toxique qui entrait dans la composition d'une boisson mortelle administrée aux condamnés à mort athéniens.

dans sa lettre autobiographique, plus j'approfondissais mon examen des lois et des coutumes, et plus j'avançais en âge, plus il me paraissait difficile d'administrer correctement les affaires de la cité » (*Lettre VII* 324e-325c).

Malgré ce pessimisme, le désir de s'occuper des affaires publiques ne le quitte jamais. Il rédige de nombreux dialogues sur le sujet, comme *La République*, et effectue même trois voyages en Sicile à la demande de Denys I puis de Denys II de Syracuse, auprès desquels il joue le rôle de conseiller. Mais ses espoirs de voir les philosophes devenir rois, ou les rois devenir philosophes, se soldent à chaque fois par des déceptions.

C'est avec beaucoup plus de bonheur que Platon fonde à Athènes, vers 387 avant J.-C., sa propre école philosophique : l'Académie. Jusqu'à sa mort, en 348 avant J.-C., il y dispense ses enseignements à de nombreux disciples, parmi lesquels le célèbre philosophe Aristote (384-322 avant J.-C.). Par la suite, l'Académie saura conserver son prestige. Elle ne fermera ses portes qu'en l'an 529, sous l'empereur Justinien.

LE *CRITON* DANS L'ŒUVRE DE PLATON

Socrate est mort à soixante-dix ans sans avoir jamais rien écrit, mais d'autres s'en sont chargés pour lui : l'auteur de comédies Aristophane, le mémorialiste Xénophon, mais surtout Platon qui, en mettant son maître au centre de son œuvre, en a fait la figure la plus célèbre de l'histoire de la philosophie.

Dans les premiers dialogues de Platon, dits socratiques, Socrate mène des débats où il est question de la sagesse et des moyens de l'obtenir, du lien entre vertu et bonheur, bref, de ce qui l'a toujours occupé : « savoir de quelle manière il faut vivre » (*Gorgias* 500c). Rédigé vers 390 avant J.-C., le *Criton* s'inscrit au cœur de cet ensemble : Socrate défend, jusqu'à ses conséquences ultimes (sa propre mort), son choix d'une vie consacrée à la vérité et à la justice. Qu'on ne s'y trompe pas : l'ambition de Platon n'est pas de faire œuvre d'historien. Il ne faut pas lire le *Criton* comme une conversation qui a pu ou non avoir lieu – on

L'AUTEUR ET LE CONTEXTE

ne le saura probablement jamais – mais comme un dialogue philosophique. L'action est aussi simple que dénuée de suspens : Criton dit à Socrate qu'il a arrangé son évasion, mais celui-ci refuse de s'enfuir. Le but de l'œuvre est d'exposer les raisons philosophiques de ce refus. La question n'est pas : Socrate va-t-il s'enfuir ? – mais : « quel homme doit-on être » ? (*Gorgias* 487e), quelle est « la façon dont nous devons vivre » ? (*Gorgias* 492d). Cela vaut-il le coup de « mourir pour des idées », ou faut-il avant tout « sauver sa peau » ?

Une des spécificités du *Criton* est que le dialogue a lieu dans un climat d'urgence qui peut nuire à la patience requise par l'examen philosophique, car la mise à mort de Socrate est imminente (voir 43d). Celle-ci aura lieu à l'endroit même où se déroule la scène, dans la prison qui jouxte le tribunal où Socrate a été condamné. Œuvre brève, le *Criton* est un entre-deux et pose une alternative qu'il faut résoudre très vite : s'évader ou mourir. Socrate y expose la cohérence de son choix présent et de la vie qu'il a toujours menée.

LES PROTAGONISTES
DU DIALOGUE

CRITON : L'AMI DU PHILOSOPHE

Criton, ami d'enfance de Socrate, est très riche et s'en veut de n'avoir pas réussi à faire tourner le procès à l'avantage de son ami. Il a soudoyé le gardien (voir 43a), organisé l'évasion et prévu l'exil de Socrate. Il est prêt à prendre tous les risques (voir 45a-c). Face au refus de Socrate, il ne s'obstine pas (voir 54d) mais reste à ses côtés jusqu'au bout : il prendra en charge ses funérailles et pourvoira aux besoins de sa famille (voir *Phédon* 115e-116b). C'est lui qui lui ferme les yeux, après avoir promis de suivre son ultime et énigmatique recommandation : sacrifier un coq à Esculape[1]. Il obtempère sans chercher à comprendre, tant il est habitué à mal le comprendre, comme le montrent les premières phrases du dialogue : Criton s'étonne de voir Socrate paisiblement endormi malgré les circonstances (voir 43b). Dans le *Phédon*, il s'étonne que Socrate ne cherche pas à gagner deux heures de vie pour un dernier repas, une dernière beuverie ou une dernière coucherie. Socrate lui rappelle ce qu'il lui a expliqué sa vie durant : le philosophe est l'homme à qui ces plaisirs ne procurent aucun plaisir. Mais Criton l'a-t-il seulement écouté ? Un peu plus tôt, il interrompait l'entretien pour enjoindre Socrate de « dialoguer le moins possible » !

Criton est plus un ami du philosophe qu'un ami de la philosophie, ce qui donne lieu à plusieurs malentendus et qui lui vaut des remarques ironiques : « Toi, […] tu es loin de devoir mourir demain, et le malheur présent ne saurait troubler ton esprit », lui dit Socrate, amusé de sa nervosité (46e-47a). Le rêve de Socrate, par exemple, donne lieu à un quiproquo : « au troisième jour, tu arriveras dans une Phtie fertile » (44a-b). C'est très clair pour Socrate : la promesse représente l'espoir d'une âme enfin délivrée du corps et retournant dans son pays natal

---

1. « Criton, nous devons un coq à Esculape. Payez cette dette, ne soyez pas négligents » (*Phédon* 118a). Ces derniers mots de Socrate ont donné lieu à de multiples interprétations. Esculape étant le dieu de la médecine, on suppose généralement que Socrate veut le remercier de l'avoir guéri de cette maladie qu'est la vie.

LES PROTAGONISTES DU DIALOGUE

(voir *Phédon* 67a-b). C'est encore plus clair pour Criton qui en reste à une interprétation plus triviale : la mort de Socrate est imminente. Autre exemple : Criton montre de l'insistance (voir 46b) à sauver Socrate malgré lui et le presse de se décider sans réfléchir (« laisse-toi sauver », 44b) – ce même Socrate qu'il connaît pourtant bien et qui toute sa vie a utilisé sa raison pour savoir ce qui est juste et vrai, et agir en conséquence (voir 46b). Criton tient des discours qui sont conformes non pas à la vérité et à la justice, mais à ses désirs ou aux opinions courantes de la société athénienne de l'époque. Or, la philosophie nous apprend à faire preuve d'esprit critique à leur égard. C'est pourquoi le discours de Criton est « pénible » (46b) même s'il est bien intentionné. À la décision dans l'urgence et aux arguments creux, Socrate oppose l'examen rationnel. Il doit rappeler à son ami que les raisonnements philosophiques ne sont pas des « paroles en l'air » (46d) qu'on peut oublier au gré des circonstances, mais qu'ils engagent notre vie.

Si Criton a souvent discuté avec Socrate (il apparaît par exemple dans l'*Euthydème*) et adhère aux mêmes principes que lui (voir 49b, 49e), il n'en saisit pas toujours la portée ni la complexité. Il est facilement troublé par ses émotions (la crainte, la tristesse, etc.), il est sensible à l'opinion et soucieux de sa réputation. C'est un personnage ambivalent qui permet à Platon de confronter les raisonnements du philosophe aux opinions du grand nombre. Le dialogue devient possible par l'intermédiaire de Criton, parce que, tout en étant porteur des arguments de la foule et tout en ayant ses limites, il accepte le principe de la discussion philosophique, fondée sur des arguments rationnels. Au terme de la discussion, il se range, quoique à contrecœur, aux arguments de Socrate : « je ne peux pas en dire plus », admet-il (54d).

SOCRATE ENTRE PHILOSOPHIE ET POLITIQUE

Socrate est un homme étonnant[1] qui affirme ne pas être un politique, mais un philosophe, et qui pense être en ce sens le seul Athénien à

---

1. En grec, le terme *atopia* revient souvent pour qualifier Socrate, ce qui veut dire au sens strict qu'il n'est nulle part – on dirait plutôt dans notre langue qu'il vient de nulle part, ou qu'il est toujours là où on ne l'attend pas. Bref, il est déconcertant (voir *Théétète* 149a, *Gorgias* 494d, *Banquet* 215a, *Alcibiade* 106a).

vraiment *faire* de la politique (voir *Gorgias* 473e, 521d). Il ne prend pas la parole dans les assemblées, mais discute en privé, sur l'agora ou dans les rues, avec tel ou tel. Il se présente comme un simple particulier qui s'abstient de prendre part aux affaires publiques.

Le philosophe, pour Socrate, n'est pas *détenteur du savoir*, mais *amoureux de la sagesse* : il ne propose aucun enseignement (contrairement aux sophistes) et se contente d'interroger. Le désir de devenir plus sage, c'est-à-dire plus savant et plus vertueux, ne peut apparaître que si on a au préalable pris conscience de son ignorance : autrement dit, il faut cesser de croire qu'on sait pour désirer apprendre. Si Socrate admet l'oracle de Delphes selon lequel il est l'homme le plus savant d'Athènes, il le comprend en ce sens : c'est parce que, contrairement aux autres, il sait qu'il ne sait rien, qu'il est le plus savant. Or, la connaissance est nécessaire pour faire les bons choix : seuls les insensés s'en remettent au hasard (voir 44d). Qu'il s'agisse de morale ou de politique, ou de toute autre question, une vie dans l'ignorance est une vie ratée. À une vie passée dans l'illusion du savoir, Socrate veut substituer une vie passée dans la quête du savoir.

Dans cette quête du savoir, la connaissance de la justice est primordiale, car « ce que le juste rend meilleur et ce que l'injuste détruit » (47d), c'est l'âme. Les hommes politiques devraient donc s'évertuer, comme Socrate, à « dire toujours ce qui est le mieux, que ce soit plaisant ou désagréable à entendre », afin de « préparer les âmes des citoyens à devenir les meilleures possibles » (*Gorgias* 503a). La politique n'est pas l'art de prendre le pouvoir et de le conserver, c'est l'art qui consiste à prendre soin de notre âme grâce à un savoir du juste et de l'injuste, tout comme il y a des arts qui permettent de prendre soin de notre corps[1] sur la base d'une connaissance de la santé (voir 47b). Cette analogie du corps et de l'âme est très fréquente chez Platon car elle lui permet d'affirmer qu'il faut s'en remettre à l'avis solide de celui qui est « compétent » et non pas aux opinions de la foule (voir 46d-48a et *Gorgias* 455b).

---

[1]. La gymnastique est comparable à la législation (faire les lois) parce qu'elle institue un ordre bon, et la médecine à l'art judiciaire (punir les contrevenants) parce qu'elle corrige les dysfonctionnements (voir *Gorgias* 464b).

LES PROTAGONISTES DU DIALOGUE

Pourtant, si Socrate affirme avec conviction certains arguments qu'il présente comme ceux de la philosophie elle-même, et qui sont pour lui des plus solides (par exemple l'identité entre bien vivre et vivre dans la justice), un doute persiste sur la possibilité de trouver un tel expert : en matière de justice, il faut obéir à un homme qui s'y connaît, « s'il en est un qui s'y connaît » (47d). Cela ne fait que redoubler la nécessité de l'examen, le philosophe n'étant pas à proprement parler l'homme juste, mais l'homme soucieux d'agir avec justice. Que Criton démontre donc qu'il est juste de s'évader, et Socrate le fera. Qu'il lui répète autant qu'il veut que sa vie est en danger, il ne l'entendra même pas (voir 54d).

Socrate se compare à « une sorte de taon » qui pique sans cesse ses contemporains afin de les réveiller par ses exhortations et ses invectives (*Apologie de Socrate* 30e). Il y a là de quoi provoquer l'agacement et la tentation d'expédier d'une tape le trouble-fête à la mort, par réflexe et « sans aucune réflexion » (48c), simplement parce que le peuple « s'irrite devant ce qui lui est étranger » (*Gorgias* 513c). Socrate admet avoir fait quelque chose de « peu commun » en prenant l'habitude d'interroger les gens sur le genre de vie qu'ils ont choisi. « Je n'ai d'autre occupation en effet que de circuler dans les rues en vous persuadant, jeunes et vieux, de ne pas vous soucier de votre corps et de l'argent en priorité et de ne pas y tenir aussi fort qu'à votre âme et aux moyens de la perfectionner » (*Apologie de Socrate* 30a-b).

Les gens n'ont pas le goût des remises en question. Socrate est convaincu que la calomnie qui s'est abattue sur lui, l'accusant d'impiété et de corruption de la jeunesse, est née de là. Ce qui l'a perdu, ce ne sont pas ses accusateurs directs, ni même ses quelque cinq cents juges, mais un contexte hostile à la philosophie[1], « la calomnie et la malveillance de la multitude », qui ont perdu beaucoup d'hommes de bien et en perdront encore (*Apologie de Socrate* 28a). Malgré tout, Socrate invite à ne pas mépriser la foule[2] : « N'accuse pas ainsi sans réserve la multitude. Ils auront sûrement une autre opinion si, au lieu de t'énerver, tu leur parles

---

1. Aristophane, une vingtaine d'années plus tôt, tournait déjà Socrate en dérision dans ses comédies. Les calomnies qui s'abattent sur Socrate sont donc anciennes, et elles sont d'autant plus redoutables que les Athéniens les entendent depuis leur enfance (voir *Apologie de Socrate* 18b, 23e, 24a, 37a). Pour Platon, ces calomnies ne font que refléter les opinions des gens sur la philosophie. \ **2.** Contrairement aux stoïciens, qui évoqueront souvent le cas de Socrate pour montrer que le sage doit se méfier de la foule.

avec calme, et si tu leur démontres que leurs critiques sont sans fondement, en leur expliquant qui sont ceux que tu appelles philosophes et en définissant [...] leur nature et leur profession, afin qu'ils ne pensent pas que les philosophes dont tu parles sont les mêmes que les leurs » (*République* VI, 499e).

Socrate a toujours su que sa vie même l'exposait à cette condamnation. Il y a déjà longtemps qu'il serait mort, dit-il, s'il avait opté pour une carrière politique (voir *Apologie de Socrate* 31d-32a) : dans cette foire aux ambitions qu'est la politique, il est très difficile de rester soucieux de la justice et de ne pas céder à la corruption ou à la démagogie. Si l'on y parvient, il est très difficile d'y obtenir des succès et même de rester en vie. Mieux vaut donc agir en simple particulier, et tâcher de rendre meilleurs ses concitoyens en les invitant à philosopher.

THÈMES
ET PROBLÉMATIQUES

Le *Criton* traite de *ce que l'on doit faire* – c'est le sous-titre que lui a donné la tradition. L'expression ne désigne pas exclusivement le devoir au sens moral, mais prend le sens plus général de ce qu'il convient de faire pour mener une vie juste, belle et heureuse. Pour Platon, cela revient au même puisqu'il y a identité entre « vivre bien », « vivre bellement » et « vivre justement » (48b). Pour les besoins de l'analyse, on distinguera trois axes selon lesquels se décline ce principe. L'axe *politique*, en premier lieu : par son refus de s'évader malgré sa condamnation injuste, Socrate nous engage à réfléchir sur le rapport entre l'individu et la loi. Mais le *Criton* propose aussi une définition plus large de la justice, incluant une dimension *éthique* et une théorie de l'âme qui fait de la justice l'essence du bonheur. Enfin, c'est le choix d'une vie *philosophique* qui est défendu et illustré par Socrate dans ce dialogue.

LES LOIS ET LES HOMMES

Quel comportement doit adopter l'individu vis-à-vis des lois ? L'obéissance, cela peut sembler aller de soi. Mais la question se complique lorsqu'on se trouve comme Socrate dans une situation exceptionnelle où la loi n'est plus protectrice de l'individu mais où son application est manifestement injuste. Il faut donc reprendre la question du fondement de l'obéissance, afin de savoir ce que l'individu doit exactement à la loi. Socrate montre que ce qui est légal est conforme à la raison, et qu'il est impossible en ce sens de concevoir une désobéissance légitime. Pour autant, il refuse une obéissance aveugle et s'efforce de montrer que le citoyen dispose, du moins en démocratie, des moyens nécessaires pour améliorer les lois s'il y a lieu de le faire.

DE LA DÉPENDANCE À L'OBÉISSANCE

Les hommes acceptent d'obéir à des règles communes parce que les échanges sont nécessaires à la survie. « La cité se forme parce que

THÈMES ET PROBLÉMATIQUES

chacun d'entre nous se trouve dans la situation de ne pas se suffire à lui-même, mais au contraire de manquer de beaucoup de choses. Un homme recourt à un autre pour un besoin particulier, puis à un autre en fonction de tel autre besoin, et parce qu'ils manquent d'une multitude de choses, les hommes se rassemblent nombreux au sein d'une même fondation, s'associant pour s'entraider » (*République* II, 369b-c). En acceptant la contrainte de la loi, on choisit une règle de conduite plus solide que son propre désir. Celui qui désobéit croit réaliser une bonne opération, mais il oublie où se trouve son véritable avantage. Il se met en contradiction avec lui-même, car il opte pour ce qui lui semble agréable sur le moment et non pour ce qu'il veut vraiment, à savoir ce qui est réellement bon pour lui. L'injustice procède d'une erreur, d'une confusion entre *ce qu'on veut* et *ce qui plaît* : nul n'est méchant volontairement (voir *Ménon* 77b-78a). C'est la force des désirs, conjuguée à l'absence de réflexion, qui mène à la désobéissance et à l'injustice.

L'individu n'est rien sans les autres. Il n'est qu'un particulier qui vaut moins que la collectivité ; or, « commettre une injustice et désobéir à un meilleur que soi [...] c'est mauvais et honteux » (*Apologie de Socrate* 29b). Socrate recourt à une analogie pour mieux se faire comprendre (voir 50e-51b) : l'individu est à l'égard de la loi dans le même rapport que l'esclave à son maître, ou que l'enfant à ses parents. Un enfant, un esclave et un homme libre sont tous dépendants de quelqu'un ou de quelque chose qui leur est supérieur, et qui détermine ce qui est bon pour eux, mieux qu'ils ne le feraient eux-mêmes : l'enfant parce qu'il n'est *pas encore* en mesure de le faire, l'esclave parce qu'il ne le sera *jamais* (on avait coutume de justifier l'esclavage par la stupidité de l'esclave), l'homme libre parce qu'il ne l'est *pas tout à fait*. « Aucun homme ne naît avec une aptitude naturelle à savoir ce qui est profitable pour la vie humaine en cité et, même s'il le savait, à pouvoir toujours faire et souhaiter le meilleur » (*Lois* IX, 875a). La partie désirante de l'âme est indisciplinée, elle ne se soumet pas volontiers à la partie raisonnable.

Étant donné que ni les dirigeants, ni les individus ne sont philosophes, mais qu'ils agissent « au hasard » (44d), l'autorité des lois est d'autant plus nécessaire. L'analogie avec l'esclave désigne un rapport de soumission à la loi valant pour les particuliers comme pour les dirigeants : « Si j'ai appelé serviteurs des lois ceux que l'on appelle aujourd'hui des gouvernants, ce n'est pas pour le plaisir de forger des mots nouveaux, c'est plutôt parce que, à mon avis, c'est de cela plus que de tout le reste que dépend la sauvegarde de la cité ou son contraire. En effet, si dans une cité la loi est soumise à une autre autorité et qu'elle n'est pas son propre maître, je vois pour une telle cité sa perte toute proche. En revanche, là où la loi est le maître de ceux qui détiennent l'autorité, là où ceux qui détiennent l'autorité sont les esclaves de la loi, c'est le salut que j'entrevois, et avec lui tous les biens que les dieux accordent aux cités » (*Lois* IV, 715d). C'est le respect des lois qui distingue l'organisation politique juste de la tyrannie : on obéit à des lois pour ne pas obéir à un tyran[1].

L'analogie avec le rapport parents/enfants ajoute à la notion de soumission celle de bienveillance. Tout comme un enfant a besoin des soins de ses parents, l'individu a besoin de la protection des lois pour vivre en sécurité et jouir sans crainte de ses biens. L'un et l'autre doivent éprouver de la reconnaissance, car sans l'éducation donnée conjointement par les lois et les parents, ils ne seraient pas devenus des êtres humains, mais des bêtes (voir 50d-e et *République* III, 402). Fauteurs de troubles et enfants ingrats détruisent par leurs caprices les liens humains les plus fondamentaux. Ils se rendent indignes de leur appartenance à l'humanité en maltraitant ceux à qui ils la doivent.

Socrate laisse entendre que désobéir aux lois est pire encore que lever la main sur ses parents, car on doit plus encore aux lois qu'à ses parents. Les lois sont sacrées, intouchables. Celui qui désobéit rompt un lien sacré et se pose en ennemi de l'État. Sa propension à la désobéissance fait de lui un ennemi potentiel de tout État, donc un homme qui refuse de vivre comme un homme et parmi eux. Un tel individu mérite d'être traité en paria : « tous ceux qui se soucient de leur propre cité te regarderont avec défiance puisqu'ils te considéreront comme quelqu'un qui viole les lois », disent les lois à Socrate (53b).

---

1. Cette idée sera développée par Aristote (voir *Politique* III, 16) et surtout par Rousseau : « un peuple libre obéit, mais il ne sert pas ; il a des chefs et non pas des maîtres ; il obéit aux lois mais il n'obéit qu'aux lois, et c'est par la force des lois qu'il n'obéit pas aux hommes » (*Lettres écrites de la montagne*, VIII).

THÈMES ET PROBLÉMATIQUES

Socrate se croit-il « si sage » (51a) qu'il pense être au-dessus des lois les plus sacrées ? La sagesse confinerait alors à la folie – celle de se prendre pour un dieu et de se conduire finalement comme une bête. La légende attribue à Platon ce mot à propos de Diogène le Cynique, qui récusait toutes les conventions et vivait en marge de la cité : « c'est un Socrate devenu fou[1] ».

LA FORCE DES CONVENTIONS

L'individu consent à obéir aux lois de manière tacite (en vivant sur le sol de la cité, il en accepte les lois) et même de manière explicite s'il a le statut de citoyen. Il n'est donc pas simplement *contraint* d'obéir (au sens où la prudence conseille d'obéir à plus fort que soi), il est *obligé* de le faire parce qu'il s'y est engagé : il est moralement tenu d'honorer un lien qu'il a lui-même contribué à tisser, même quand il pourrait impunément s'y soustraire. Socrate aurait pu ne pas se présenter à son procès, mais il a considéré que c'était un devoir : « je dois obéir à la loi et présenter ma défense » (*Apologie de Socrate* 19a). « Ce n'est que justice » : « à la guerre, au tribunal, partout, il faut faire ce que la cité et la patrie ordonnent » (51b).

Il serait abusif et anachronique d'y voir l'équivalent d'un « contrat social » au sens où l'entend Rousseau. Jamais Platon n'envisage que le pouvoir trouve son fondement dans la volonté du peuple, fût-elle générale. Il ne s'agit pas pour Platon d'écouter la volonté du peuple mais de s'en tenir à la raison conçue comme sacrée. Le fondement de l'obéissance réside dans le fait que les lois relaient les exigences de la raison. Tout individu espère le plaisir et craint la douleur, mais ce sont « deux conseillers à la fois antagonistes et déraisonnables » (*Lois* I, 644c). La raison est un conseiller plus fiable : « il existe la raison qui calcule ce qui en ces sentiments vaut le mieux et ce qui est le pire pour chacun de nous ; et quand ce calcul est devenu le décret commun de la cité, il porte le nom de "loi" » (*Lois* I, 644d). Aussi cette loi doit-elle être observée comme une « commande sacrée » (*Lois* I, 645a), dans la mesure où elle est l'expression de la partie la plus divine de nous-mêmes.

---

1. Diogène Laërce, *Vies, doctrines et sentences des philosophes illustres*, VI.

En faisant des lois l'expression du divin, Socrate critique implicitement les sophistes, qui opposent ce qui est *par nature* et ce qui est *par convention* seulement[1]. Dans le *Gorgias*, Calliclès dit tout haut ce que la plupart des sophistes pensent tout bas : la masse des faibles établit les « conventions des hommes contraires à la nature » pour se défendre contre ceux qui sont plus forts. Selon Calliclès, la nature voudrait que les forts dominent les faibles, et les lois humaines ne sont que « balivernes et billevesées » (*Gorgias* 492c). Dans *La République*, Thrasymaque affirme que « le juste n'est rien d'autre que l'intérêt du plus fort » (*République* I, 338c) et cherche à montrer que l'homme qu'on loue et celui qu'on blâme n'agissent pas différemment : ils recherchent tous deux leur intérêt. La fable de l'anneau de Gygès[2] révèle que ceux qui obéissent aux lois le font sous l'effet de la crainte, « contre leur gré et par impuissance à commettre l'injustice » (*République* II, 359b). Ainsi, afin de justifier leur propre activité, les sophistes replacent les rapports de force au cœur des relations politiques et affirment que les conventions ne sont que des mots[3].

Socrate montre, au contraire, que les conventions sont sacrées, précisément parce que la parole a de la valeur. L'argument et la promesse engagent celui qui les prononce. Ce n'est qu'en parlant qu'on peut dire ce qui est et affirmer ce qui doit être : les raisonnements et les conventions sont peut-être des paroles, mais certainement pas des « paroles en l'air ». Aucune vie humaine n'est vivable si l'on trompe son monde et si l'on prend en haine les raisonnements. C'est parce que la loi est une convention raisonnée et volontaire (voir 52d) qu'elle doit s'imposer aux réactions naturelles de l'animal craignant la douleur (le châtiment) ou espérant le plaisir (la récompense). S'il décidait de fuir, Socrate soumettrait la meilleure partie de lui-même (celle pour qui le mot justice

---

1. Sur l'opposition entre nature et convention, voir Jacqueline de Romilly, *Les Grands Sophistes dans l'Athènes de Périclès*, LGF, coll. « Le Livre de poche », 1989. \ **2.** Voir *République* II, 359. Un modeste berger du nom de Gygès découvre par hasard un anneau d'or qui, par une simple rotation, donne à celui qui le porte le pouvoir d'être invisible. Comprenant tout de suite le profit qu'il peut tirer de cette trouvaille, Gygès séduit la reine, tue le roi et s'empare du pouvoir. Son histoire illustre l'expression « pas vu, pas pris ». \ **3.** À l'époque moderne, Hobbes reprendra cette idée, mais ce sera pour justifier la nécessité d'un pouvoir fort capable de garantir l'ordre : « les conventions sans le glaive, ne sont que des paroles, dénuées de la force d'assurer aux gens la moindre sécurité » (*Léviathan*, XVII).

THÈMES ET PROBLÉMATIQUES

a un sens) à la moins noble (celle qui est sensible à la crainte de la mort). Les mots ont de la valeur pour qui pense avec sa raison et non avec ses émotions.

Poursuivant son raisonnement, Socrate va jusqu'à dire que celui qui désobéit détruit les lois et la cité. Socrate ne saurait en effet se cacher derrière le peu de portée de son acte : chaque infraction commise est un coup porté contre la cité. « Que médites-tu d'autre, par cet acte que tu entreprends, que de détruire les lois et la cité tout entière, autant que c'est en ton pouvoir ? » (50b). Les infractions sont plus ou moins graves, ont plus ou moins de conséquences, mais là n'est pas le problème. Chacune d'elles est une tentative de destruction parce que toute loi dépérit si on ne lui obéit pas. Que les lois n'existent pas ou qu'elles ne soient pas respectées, cela revient au même : une loi n'est rien si elle est dépourvue d'efficacité, elle n'a d'existence que dans la mesure où on lui obéit. Que faire, alors, lorsqu'une décision de justice est manifestement injuste ?

LE LÉGAL ET LE LÉGITIME

« La cité a été injuste avec nous et n'a pas rendu une décision de justice correcte » (50c). Cet argument semble pouvoir justifier l'évasion de Socrate et paraît recevable pour deux raisons. D'abord, il pose l'hypothèse d'une évasion par souci de la justice et non par crainte de la mort. Ensuite, il ne s'agit pas ici de remettre en cause le principe de l'obéissance, mais de dire que la règle ne s'applique pas à ce cas exceptionnel. La règle ne serait pas abolie mais suspendue. Pourtant, cette hypothèse est aussitôt écartée par la réponse inflexible des lois : Socrate s'est engagé aussi à être fidèle aux décisions de justice (voir 50c).

Socrate a-t-il toujours appliqué ce principe ? Sous la tyrannie des Trente, il a refusé de se rendre complice de la mise à mort d'un homme juste (voir *Apologie de Socrate* 32c-d). Mais l'ordre émanait d'un gouvernement illégitime. Sous la démocratie, il s'est opposé au procès collectif des généraux vainqueurs à la bataille des Arginuses[1] (voir *Apologie de*

---

1. Après avoir vaincu les Spartiates, les généraux athéniens ont ordonné le départ de la flotte en négligeant de recueillir les blessés et les morts, probablement parce qu'une tempête menaçait. De retour à Athènes, ils furent immédiatement jugés et condamnés à mort sous la pression de la foule. Socrate fut le seul à s'opposer à ce procès collectif : pour que la procédure soit légale, il aurait fallu juger les généraux un par un.

Socrate 32b). Il a estimé à juste titre la procédure illégale. On peut aussi s'étonner de le voir déclarer à ses juges qu'il n'obéirait pas à une décision visant à l'empêcher de pratiquer librement la philosophie (voir *Apologie de Socrate* 29d).

La règle de conduite de Socrate, « ne rien faire d'injuste ni d'impie[1] » (*Apologie de Socrate* 32d), pose bien le problème d'une possible incompatibilité entre ce qui est *légal* et ce que l'individu considère comme *légitime*. On a parfois voulu voir en Socrate un précurseur de la *désobéissance civile* théorisée par Thoreau au XIXe siècle. Thoreau voit la désobéissance comme une limite posée par la conscience lorsqu'elle a atteint la certitude que la loi est injuste. Désobéir, c'est refuser de devenir un agent de l'injustice et de revêtir la peau d'un homme mauvais. Ce refus, qui peut prendre une dimension collective, implique d'accepter le châtiment qu'on encourt. Mais, dans *Du mensonge à la violence*, Hannah Arendt montre que Socrate ne relève pas de ce cas de figure, car ce qui est désigné comme injuste n'est pas la loi elle-même, mais son application à un cas qui n'en relève pas (Socrate n'étant pas coupable d'impiété ou de corruption de la jeunesse). Celui qui fait acte de désobéissance civile s'institue publiquement comme porteur d'un autre droit : il exprime un désaccord fondamental, conteste publiquement une loi en acceptant le risque de la sanction. Il n'y a pas dans cette théorie de quoi justifier qu'un individu, fût-il Socrate, refuse une punition résultant de l'application régulière de la loi, simplement parce qu'il n'est pas content de l'issue de son procès.

La situation de Socrate est en réalité plus proche de ce qu'on appelle depuis l'Antiquité le *droit de nécessité*. « Nécessité n'a pas de loi » : celui qui dérobe une pomme pour ne pas mourir de faim ne subira pas les rigueurs de la loi encore que celle-ci proscrive absolument le vol. Le droit de nécessité ne lève pas l'obligation légale, il en suspend les effets dans un cas exceptionnel. L'énormité de l'injustice faite à Socrate pourrait alors justifier sa fuite. Mais cette approche au cas par cas ne peut selon Socrate qu'affaiblir à terme la loi. D'une part, l'exemple de Criton montre qu'on a tendance à s'illusionner sur ce qui est juste ou

---

1. C'est la seule chose dont il se dit certain alors qu'il fait profession de ne rien savoir : « commettre une injustice et désobéir à un meilleur que soi, dieu ou homme, cela je sais que c'est mauvais et honteux » (*Apologie de Socrate* 29b).

THÈMES ET PROBLÉMATIQUES

injuste, lorsque des intérêts vitaux sont en jeu (les émotions prenant le pas sur le raisonnement). D'autre part, si on admet que les circonstances peuvent l'emporter sur les principes[1], on va tout droit vers une mise en balance des conséquences attendues d'un acte (plaisir ou douleur, vie ou mort) et de son caractère juste ou injuste. Socrate refuse toute forme de calcul : un homme juste ne met jamais rien en balance avec le souci de la justice, pas même la vie et la mort (voir *Apologie de Socrate* 28 et 32).

Vouloir échapper à la mort est naturel, mais ne donne aucun droit, et surtout pas celui de se dérober à ses engagements : quitter son poste à la guerre, fuir devant le danger, ce n'est pas digne d'un homme. Mieux vaut mourir « plutôt que de vivre au prix d'un tel abaissement, [...] nous n'avons pas le droit de recourir à ce genre d'expédients pour échapper par tous les moyens à la mort » (*Apologie de Socrate* 38e-39a). Il y a pire que mourir : c'est vivre de manière indigne. C'est pourquoi Socrate prévient ses juges : il n'acceptera pas d'être acquitté si la condition est de renoncer à la philosophie.

SOCRATE ET LA DÉMOCRATIE ATHÉNIENNE

Pour être intouchables, les lois n'en sont pas moins discutables en démocratie. Socrate ne prône pas une obéissance aveugle et se montre parfois critique à l'égard des lois, sachant qu'elles ne peuvent être parfaites même si elles sont inspirées par l'idée de justice. Les lois peuvent être mauvaises, elles en admettent la possibilité (« si jamais nous n'agissons pas bien », 51e). Se pose aussi le problème de ceux qui appliquent les lois (voir 54b-c), qui peuvent être méchants, incapables, ou les deux à la fois. Il est donc parfois nécessaire de changer les lois ou les dirigeants. Pour cela, tout citoyen avait à Athènes, outre le droit de vote, le droit de mettre en accusation une loi, charge à lui de « convaincre » qu'elle était injuste (« il faut faire ce que la cité et la patrie ordonnent ou les convaincre en leur montrant en quoi consiste la justice », 51b). Comme au tribunal, la loi était alors défendue par un orateur, pratique à laquelle Socrate fait allusion (voir 50b).

---

1. Cette idée sera notamment défendue par Cicéron : « bien des actes essentiellement honnêtes deviennent malhonnêtes avec les circonstances » (*Des devoirs* III, 25).

Les lois disent : le citoyen a la possibilité « soit de nous convaincre soit de faire ce que nous ordonnons » (52a). En réalité, il n'y a pas d'alternative : le citoyen doit faire les deux afin de rendre la cité plus juste et les lois plus solides. L'allusion à la docimasie[1] rappelle que les devoirs auxquels consent le citoyen sont inséparables de droits, et notamment celui d'intervenir dans le débat public. L'homme le plus injuste est celui qui ne se soucie en aucune manière de la justice et qui ajoute à son rejet puéril des contraintes une indifférence à l'amélioration de la cité. Il faut se soucier du destin commun, et en ce sens accepter le débat et être ouvert à la nouveauté : c'est le propre de la démocratie. Mais les actes doivent, sous peine de détruire cet effort, se conformer à ce que la parole a fixé. Celui qui n'est pas prêt à l'accepter n'a qu'à s'exiler dans une colonie ou une autre cité (voir 51d). En acceptant d'être investi de droits (celui de participer aux décisions communes par la parole – *convaincre, chaque fois que c'est nécessaire*), le citoyen contracte des devoirs (ne jamais nuire à la cité – *obéir, toujours*).

C'est ce que Socrate appelle « vivre en citoyen sous [l']autorité [des lois] dans les actes et pas seulement en paroles » (52d). Le citoyen fait le choix de défendre sa patrie et d'en respecter les lois et les décisions de justice : c'est un engagement non contraint, sans tromperie ni précipitation (voir 52e). En évoquant son âge, Socrate suggère que le citoyen renouvelle cet engagement tous les jours de sa vie, par sa participation à la vie publique et par des activités privées, comme par exemple la fondation d'une famille (voir 52c).

On voit que Socrate est très attaché à la démocratie athénienne, lui qui n'a presque jamais quitté la cité, comme le rappellent les lois (voir 52b). Mais il sait aussi se montrer critique à l'égard des institutions car il connaît les travers de la démocratie : règne de l'opinion, réactions imprévisibles de foules manipulées, démagogie[2]. Pour autant, Socrate a opté pour la philosophie, et non pour la politique : c'est qu'il préfère contribuer à *sa manière* à l'amélioration de ses concitoyens, en les forçant à se justifier sur leur façon de vivre.

---

1. Voir 51d et note 1, p. 31. \ **2.** Socrate essaie de faire la part des choses en rappelant l'excellence des lois athéniennes sur l'éducation et la famille (50d-e) tout en affirmant que d'autres cités – comme Thèbes, Mégare, Sparte ou la Crète – ont de bonnes lois (voir 52e-53b).

THÈMES ET PROBLÉMATIQUES

VIVRE BIEN : JUSTICE ET BONHEUR

Le sens politique et juridique du mot « justice » n'est pas séparable selon Platon de son sens éthique. Sur la base d'une théorie de l'âme, Socrate montre l'identité entre vivre justement, vivre bellement et vivre bien. Celui qui agit mal, y compris dans le cas d'une vengeance, se fait tellement de tort à lui-même que Socrate ne craint pas d'affirmer que commettre l'injustice est un mal plus redoutable que la mort. Celui qui veut prendre soin de son âme et être heureux sait qu'il doit chercher la justice. Les mentions que Socrate fait d'une vie après la mort sont là pour appuyer cette conviction qui va à l'encontre de l'opinion la plus répandue.

JUSTICE ET VENGEANCE

Pour l'immense majorité des hommes de la Grèce antique, la justice réside dans la réciprocité du bien et du mal (« rendre à chacun ce qui lui est dû »), ce qui justifie les représailles. Il est permis et même glorieux de faire du bien à ses amis et du mal à ses ennemis, c'est-à-dire de *rendre la pareille*. Les interlocuteurs de Socrate relaient cette opinion ; Polémarque, par exemple, affirme ainsi : « ce qu'un ennemi doit à son ennemi, c'est ce qui lui convient : du mal. […] La justice rend aux amis et aux ennemis respectivement des biens et des maux » (*République* I, 332b-d). Ménon affirme : « la vertu d'un homme consiste à être capable d'agir dans les affaires de sa cité et, grâce à cette activité, de faire du bien à ses amis, du mal à ses ennemis » (*Ménon* 71e). Criton, quant à lui, reproche à Socrate de faire du bien à ses ennemis en n'essayant pas de s'évader (voir 45c).

Mais pour Socrate, il ne faut « pas même répondre par une injustice lorsqu'on a subi une injustice, comme le pensent les gens », ni « faire du mal en retour quand on a subi un mal », même si seul un « petit nombre » est de cet avis (49b-d). Quels sont donc les arguments de ce « petit nombre » ? Certains invoquent la pitié, ou la répugnance à commettre certains actes, ou encore la prévoyance et le calcul. Par exemple, dans les relations internationales, il faut savoir ne pas compromettre le recours à la paix (réconciliation, amnistie) ; de la même façon, au niveau de la justice pénale, le souci de l'avenir doit prévaloir sur la vengeance (voir *Protagoras* 324a-b). Mais Socrate est plus radical en disant qu'il est tout simplement *injuste* de rendre le mal pour le mal. On ne doit *jamais* commettre d'injustice, on ne doit faire de mal en aucun cas à qui que ce soit, quoi qu'il ait fait.

Seul le Christ manifestera une opposition aussi entière à la loi du talion, formulée plusieurs fois dans l'Ancien Testament : « Si un homme frappe un être humain, quel qu'il soit, il devra mourir. Qui frappe un animal en doit donner la compensation : vie pour vie. Si un homme blesse un compatriote, comme il a fait on lui fera : fracture pour fracture, œil pour œil, dent pour dent. Tel le dommage que l'on inflige à un homme, tel celui que l'on subit » (Lévitique, XXIV, 17-20 ; voir aussi Deutéronome, XIX, 21 et Exode, XXI, 24-25). La loi du talion a un grand mérite : elle modère la brutalité de la vengeance, et en ce sens, il s'agit bien d'une loi car elle fixe un terme à la violence. La peine encourue ne doit pas aller plus loin que la faute commise. Mais, au nom de la surabondance de l'amour sur le péché, le Christ s'y opposera : « Vous avez entendu qu'il a été dit : *Œil pour œil et dent pour dent.* Eh bien ! moi je vous dis de ne pas tenir tête au méchant : au contraire, quelqu'un te donne-t-il un soufflet sur la joue droite, tends-lui encore l'autre. [...] Vous avez entendu qu'il a été dit : *Tu aimeras ton prochain* et tu haïras ton ennemi. Eh bien ! moi je vous dis : Aimez vos ennemis, et priez pour vos persécuteurs » (Matthieu, V, 38-44 ; voir aussi Luc, VI, 27-31).

Socrate, lui, conteste la logique de réciprocité au nom d'une théorie de l'âme : celui qui commet intentionnellement un mal est un homme plus à plaindre qu'à détester ou à envier, parce qu'il détruit son âme, c'est-à-dire le meilleur de lui-même. Une âme injuste est une âme désordonnée et malade. La justice n'est pas la réciprocité, c'est une harmonie dans l'âme de celui qui la pratique. Être juste, c'est être bon. Faire subir intentionnellement un dommage à quelqu'un, quoi qu'il ait fait et quoi qu'on pense y gagner, est intolérable. Ces idées, Socrate n'a eu de cesse de les répéter, mais Criton, rattrapé par l'opinion majoritaire, semble avoir la mémoire courte (« nous sommes tombés d'accord précédemment », lui rappelle Socrate en 49a).

Dans la mesure où désobéir aux lois revient à les détruire, le raisonnement est applicable au cas présent : la décision de condamner à mort

THÈMES ET PROBLÉMATIQUES

constitue un dommage auquel Socrate ne répondra pas en infligeant à son tour un dommage. À l'égard des lois comme des personnes, il est injuste de rendre le mal pour le mal : *se faire justice* n'est pas *rendre la justice*. Même si elle a un effet modérateur, la logique de réciprocité formulée dans la loi du talion ne permet pas de distinguer clairement la justice et la vengeance. La sanction n'est pas une vengeance : elle est imposée par la loi et non par la victime, elle est prononcée par un juge étranger au conflit. Elle n'est pas une compensation car le verdict n'est pas relatif à l'ampleur du dommage subi, mais à la nature de l'infraction.

De nos jours comme du temps de Socrate, la douleur (perdre un proche, être atteint dans sa chair ou ses intérêts vitaux) peut nous égarer et favoriser la « résurgence irrésistible de l'esprit de vengeance aux dépens de la justice, dont le but est précisément de surmonter la vengeance[1] ». Le désir de vengeance est *humain*, mais il n'est pas *juste*. L'objectif de la punition n'est pas de nuire à proportion du mal qui a été fait, mais de restaurer un ordre perdu. Aujourd'hui, nous parlons de réhabilitation, mais Platon ne disait rien d'autre en concevant la peine comme une cure et non comme une violence. La punition réprime, mais en même temps elle reconnaît au coupable la capacité d'être meilleur que ce qu'il a été, et se donne pour objectif d'améliorer son âme (voir *Gorgias* 478d). Punir, c'est rendre service : car si c'est un grand mal de commettre une injustice, c'en est un encore plus grand de rester impuni.

LA HIÉRARCHIE DES BIENS

C'est une opinion répandue que l'obéissance aux lois est un milieu entre le plus grand bien, qui serait d'« être injuste sans qu'on puisse nous rendre justice », et le plus grand mal, qui consisterait à « subir l'injustice et être impuissant à venger l'honneur ainsi flétri » (*République* II, 359a-b). Socrate conteste cette hiérarchie et affirme qu'on ne saurait vivre bien en étant injuste. « La vertu et la justice sont ce qu'il y a de plus estimable pour les hommes » (53c). Malgré les sarcasmes de ses

---

1. Paul Ricœur, *Le Juste 2*, Paris, éditions Esprit, 2001, p. 257. Pour mieux comprendre les débats actuels sur la place des victimes dans le système judiciaire, voir Antoine Garapon et Denis Salas, *La République pénalisée*, Hachette, 1996.

interlocuteurs, il soutient qu'il vaut mieux subir l'injustice que la commettre (voir *Gorgias* 471d-481b). L'injustice est évidemment mauvaise pour celui qui la subit, et qui en pâtira dans son corps. Mais elle est encore plus mauvaise pour celui qui la commet, et elle fait tellement de mal à l'âme que même la survie ne saurait la justifier. En commettant une injustice, on « détruit » son âme (47e) sans compensation possible, comme on détruit les lois en désobéissant. La mort ne touche que le corps, c'est-à-dire ce qui, en nous, n'est pas vraiment nous : « ce qui constitue l'identité de chacun d'entre nous n'est rien d'autre que l'âme » (*Lois* XII, 959b). Le mal propre à l'âme est l'injustice qui l'étouffe et la perd (voir *République* X, 608-612).

Le dommage qu'on subit en étant injuste ne doit pas être compris sous la forme du remords de conscience. C'est un délabrement objectif, un désordre intérieur (voir *Gorgias* 504b-c). Ce malheur profond peut être masqué par des plaisirs superficiels, mais n'en est pas moins réel, tout comme on peut être gravement malade sans en ressentir les symptômes. Lorsqu'il s'agit de la santé du corps, chacun admet que de mauvais choix entraînent des conséquences qui se feront sentir tôt ou tard. C'est la même chose pour l'âme : l'injustice a des effets destructeurs qui ne sont pas visibles à l'œil humain mais qui n'échapperont pas au juge qui, dans l'Hadès, perce « avec son âme même, l'âme de chaque homme » (*Gorgias* 523e). La santé de l'âme étant sa justice, rien d'autre que l'injustice ne peut sérieusement l'entamer : « pour un homme de bien, il ne peut y avoir aucun mal, ni pendant sa vie ni après sa mort » (*Apologie de Socrate* 41d ; voir aussi *Gorgias* 527c).

Socrate ne pousse pas le paradoxe jusqu'à dire que subir l'injustice est un bien : c'est un mal et personne ne le souhaite. Mais, par rapport au « plus grand des malheurs » (*Gorgias* 469b) qui est de commettre l'injustice, c'est un moindre mal : « Je n'aimerais ni l'un ni l'autre ; mais s'il fallait choisir entre commettre ou subir l'injustice, je préférerais encore la subir plutôt que la commettre » (*Gorgias* 469c). La même logique le pousse à dire pendant son procès : « Oh, certes ! mon adversaire peut vraisemblablement me faire mettre à mort, ou exiler, ou priver de mes droits civiques. Et il pensera sans doute, lui ou un autre, que ce sont là de grands malheurs. Ce n'est pas mon avis, et je tiens pour beaucoup plus grave ce qu'il fait en ce moment, en s'employant à faire mourir un homme injustement » (*Apologie de Socrate* 30d).

THÈMES ET PROBLÉMATIQUES

L'argument de Criton selon lequel il faut tenir compte de l'opinion parce que « les gens sont capables d'accomplir non les plus petits des maux mais sans doute les plus grands quand on se trouve calomnié auprès d'eux » (44d) n'est donc pas valable. Socrate le conteste immédiatement : le plus grand des maux, ce n'est pas la mort, c'est l'ignorance qui rend les gens insensés et méchants. Criton l'admet formellement (« Soit, qu'il en soit ainsi sur ce point », 44e), mais sur le fond il n'en démord pas, croyant que Socrate refuse de s'échapper par crainte de représailles pour ses amis. « Je me préoccupe de cela, mais de beaucoup d'autres choses aussi », répond Socrate (45a) : c'est important, mais ce n'est pas, et de loin, le plus important. Il sait que Criton est prêt à prendre des risques réels (risque d'être privé de ses biens, risque d'être exilé, etc.), mais il ne parvient pas à lui faire comprendre que le vrai risque est ailleurs pour lui. Il y a un malentendu : « laisse-toi sauver », dit Criton (44b) ; or, pour Socrate, ce qui importe est de *sauver son âme*, non d'échapper à la mort.

La justice n'est pas le seul bien qu'on puisse souhaiter dans la vie, mais c'est le plus important, celui en comparaison duquel tous les autres sont négligeables. La richesse, la santé, la beauté, la noble naissance, les pouvoirs et les honneurs sont des biens (voir *Euthydème* 279a-b), mais que sont-ils sans la justice ? Qu'en fera un homme injuste ? Quel hasard les a mis entre ses mains ou quels crimes a-t-il commis pour les obtenir ? Le philosophe sait aussi que ces biens accessoires peuvent nous détourner des biens essentiels que sont les vertus (justice, sagesse, courage, tempérance). Socrate s'est interdit une carrière politique par crainte de devenir injuste, il critique les Athéniens parce qu'ils sont plus soucieux de leur confort que de la justice, il se méfie de la poursuite des plaisirs, qui rend l'âme esclave du corps. « Vivre bien » ne veut pas dire *vivre dans le confort* mais *vivre dans la justice*. Tous les *biens* n'ont de valeur que si, joints au *bien*, ils font varier le bonheur et, à la rigueur, l'accroissent. Par eux-mêmes, ils ne valent rien et n'indiquent pas comment en user.

Tout est donc conditionné à un « savoir du bien et du mal » (*Charmide* 174b). L'idéal serait de pouvoir s'en remettre à un expert qui saurait en toutes circonstances ce qu'il faut faire. Mais comment un tel savoir des choses humaines serait-il possible ? Platon a conscience de la difficulté

(« s'il en est un qui s'y connaît », 47d). L'expert ne pourrait être qu'un homme dont l'esprit, entièrement délié de l'influence du corps, ne serait jamais sujet à confondre l'agréable et le bon. Car ce sont les plaisirs et les peines qui conduisent l'âme à « tenir l'affection la plus intense pour ce qui possède le plus d'évidence et de réalité, alors qu'il n'en est rien » (*Phédon* 83c). Le philosophe s'efforce « autant qu'il lui est possible » de tenir à l'écart ce qui pourrait troubler son jugement, mais l'existence terrestre impose des limites à l'exercice. Cela ne fait, pour Platon, que redoubler l'exigence de rechercher la sagesse.

LA MORT PLUTÔT QUE L'INJUSTICE

Comme il a toujours dit qu'il valait mieux mourir noblement que vivre de façon indigne, Socrate verrait le ridicule s'abattre sur lui (voir 53a) si, pour justifier sa fuite, il commençait à « mettre en balance » la vie et la justice, lui qui disait encore à son procès : « Tu as tort, mon ami, si tu penses qu'un homme de quelque mérite doit mettre en balance ses chances de vie et de mort, au lieu de considérer seulement, quand il agit, si son action est juste ou injuste » (*Apologie de Socrate* 28b). Seuls les *principes* doivent être pris en compte (c'est juste/c'est injuste), « rien d'autre » et surtout pas les *conséquences* (la vie/la mort, le plaisir/la douleur). On ne doit « faire entrer en ligne de compte, ni la mort ni aucun autre risque, avant celui du déshonneur » (*Apologie de Socrate* 28d). La vie ne vaut pas par elle-même, mais par la manière, juste ou injuste, dont elle est vécue : « le fait de vivre plus ou moins longtemps doit être indifférent à un homme qui est vraiment un homme ; il n'a pas à tenir coûte que coûte à la vie, mais [...] il a surtout à se demander de quelle manière il doit mener le reste de sa vie pour vivre de la meilleure manière possible » (*Gorgias* 512e).

L'attachement excessif à la vie[1] est infantile et devient même pathétique quand celle-ci n'a plus grand-chose à nous offrir. D'ailleurs, selon Platon, il n'est pas absurde pour un philosophe de penser que la mort est un bien[2], puisqu'elle est la séparation de l'âme et du corps, et que

---

1. Le terme grec *philopsukhia*, employé par Platon à plusieurs reprises pour désigner cet amour de la vie, s'oppose implicitement au terme *philosophia*, amour de la sagesse (voir *Apologie de Socrate* 37c, *Gorgias* 512e, *Lois* XII, 944e). \ **2.** Voir note 4, p. 9.

THÈMES ET PROBLÉMATIQUES

philosopher, c'est délier l'âme du corps donc « s'exercer à mourir »
(*Phédon* 63a). Avoir peur serait de la part d'un philosophe « le comble
de l'illogisme » (*Phédon* 68b) et un philosophe ne doit pas se laisser
troubler par ce genre d'épouvantail qu'on agite devant les enfants (voir
46c).

Toutefois, les philosophes sont obligés d'admettre qu'ils n'ont pas les
moyens de connaître de manière sûre ce qu'est la mort : il est impossible de dire avec certitude si c'est un bien ou un mal (voir *Apologie de
Socrate* 40c). En revanche, et même si les hommes n'accordent pas
leurs actes à leurs pensées, tout le monde admet que commettre l'injustice est vilain. On ne peut être certain que la mort est un mal, mais
on est certain que l'injustice en est un : on doit donc s'appliquer à la
fuir plus que la mort (voir *Apologie de Socrate* 39b). La vie n'est pas
« vivable » (47e) si elle doit être payée par l'injustice qui, étant à coup
sûr un mal extrême, doit être tenue pour un mal pire que la mort. « Ce
n'est pas le fait de mourir en lui-même qu'on redoute, à moins d'être
tout à fait insensé ou lâche, mais le fait de vivre dans l'injustice » (*Gorgias*
522e). Une vie « meilleure » (54b) n'est pas une vie plus longue ou plus
intensément remplie de plaisirs car il importe avant tout de bien vivre
(voir 47d, 48b, 53c) : « le fait de jouir à tout prix, ce n'est pas cela le
bien » (*Gorgias* 495b).

Croyant qu'il s'agit d'un détail, Criton admet trop facilement la remarque
de Socrate sur le plus grand bien (rendre quelqu'un sensé) et le plus
grand mal (le rendre insensé) : « Soit, qu'il en soit ainsi sur ce point »,
dit-il (44e). Mais la conséquence directe en est que l'injustice est un
mal pire que la mort. Socrate n'échangerait sa place ni contre ses juges,
ni contre ses accusateurs : « si vous me condamnez à mort, moi tel que
je me présente, ce n'est pas à moi, mais à vous-mêmes, que vous ferez
le plus de tort. [...] Si moi, je m'en sors à présent condamné par vous
à la peine de mort, [mes accusateurs] s'en sortent condamnés par la
vérité pour vilenie et injustice. Eh bien ! en ce qui me concerne, je m'en
tiens à ma peine, et je leur laisse la leur » (*Apologie de Socrate* 30c,
39b).

CHOISIR LA PHILOSOPHIE

Si le philosophe s'exerce à mourir en s'efforçant de délier son âme de son corps, ce n'est pas par hostilité à la vie, mais pour qu'elle soit la meilleure possible. La vie philosophique est consacrée à la recherche du meilleur de préférence à l'agréable, elle requiert un examen de soi par soi[1] en vue de l'amélioration de son âme (voir *Gorgias* 514a-515b). C'est une vie exigeante et particulière qui suscite l'étonnement et souvent l'hostilité du reste des hommes, soumis eux aussi à l'examen du philosophe alors qu'ils ont moins que lui le goût des remises en question. La différence entre le discours de Criton et les questions de Socrate montre que la philosophie requiert aussi une méthode, théorisée par Platon sous le nom de dialectique[2]. C'est enfin une attitude qui consiste à prendre les choses avec philosophie, attitude dont Socrate donne une illustration si exemplaire qu'elle fait de lui la figure même du sage qui domine presque toute l'histoire de la philosophie.

LE PHILOSOPHE ET « LES GENS »

Criton a raison de dire que personne ne croira que Socrate a refusé de s'échapper (voir 44c) : les gens ne croient pas que des raisonnements philosophiques puissent changer une vie. Beaucoup croient en effet, comme Calliclès, que Socrate « philosophaille » et soutient des paradoxes pour se rendre intéressant.

Le philosophe a le goût de la remise en question et du raisonnement, ce qui l'éloigne de fait des préoccupations de la plupart des gens : « gagner de l'argent, administrer ma maison, obtenir des commandements militaires et des succès oratoires devant le peuple, courir après les autres charges, engagements sociaux et positions sociales que propose la cité » (*Apologie de Socrate* 36b). Les gens estiment

---

1. On attribue à Socrate la devise « connais-toi toi-même », qu'on peut interpréter au moins en deux sens. D'abord, sache que tu te définis par ton âme, que tu es une âme avant d'être un corps, et en conséquence prends soin de ton âme plus que de ton corps. Ensuite, réfléchis sur ta condition morale, examine-toi, car une vie sans examen n'est pas digne d'être vécue (« une vie sans examen n'est pas humainement vivable », *Apologie de Socrate* 38a). \ **2.** Voir glossaire, p. 91.

THÈMES ET PROBLÉMATIQUES

avoir d'autres soucis plus importants et plus concrets que tous ces raisonnements considérés comme interminables et inutiles. Ils sont attachés à leurs intérêts, alors que le philosophe est attaché à la justice : « ne rien faire d'injuste ni d'impie, voilà tout mon souci » (*Apologie de Socrate* 32d). Il ne veut posséder que la vérité et juge tous les autres combats futiles et dérisoires : « J'ai donc laissé tomber les honneurs chers au grand nombre, et je veux m'efforcer d'avoir en vue la vérité, afin de pouvoir réellement être aussi parfait que possible dans la vie, et, quand viendra le moment de mourir, dans la mort » (*Gorgias* 526d).

Les gens s'enferment dans un mode de vie superficiel et profèrent des opinions à l'emporte-pièce que Socrate dédaigne : « Que nous importe l'opinion des gens ? » (44c). Lorsque Criton lui fait observer que beaucoup d'hommes vieux craignent la mort, Socrate balaye sa remarque d'un laconique : « C'est vrai » (43c). Socrate ne cherche pas à paraître avoir raison aux yeux des autres (« que les gens le reconnaissent ou non », 49b), mais à améliorer son âme en s'interrogeant « chaque jour » sur la justice (*Apologie de Socrate* 38a).

Si les hommes sont souvent bêtes et méchants, c'est parce qu'ils méprisent les raisonnements, voire les haïssent (voir *Phédon* 89d), et prennent des décisions au gré de leurs désirs et de leurs craintes. Tout comme ils traitent les conventions à la légère, ils agissent comme si les raisonnements n'avaient pas d'importance, et comme si les discours que nous tenons ne devaient pas avoir d'influence sur notre vie. Mélétos, par exemple, ne se soucie pas une seule seconde de la jeunesse alors qu'il accuse Socrate de la corrompre (voir *Apologie de Socrate* 24c-d). Il se comporte avec les arguments comme un « gamin » qui joue avec le feu. Criton encourt aussi ce reproche lorsque par ses conseils il réduit à des bavardages les raisonnements de toute une vie (voir 46d).

On finit toujours par ressembler à ce dont on se soucie. La déchéance de Simonide prouve que l'âme perd son identité et sa dignité si elle se soucie trop du corps et de ses plaisirs (voir 53e). La vie d'esclave de Simonide, celle où l'on doit flatter ses tyrans pour survivre, est aussi une métaphore de la servilité des gens au plaisir : on ne prend plus de temps pour prendre soin de son âme puisqu'on a fait de celle-ci l'esclave de son corps[1]. Le philosophe est « l'homme à qui ce genre de plaisirs ne fait aucun plaisir » (*Phédon* 65a), parce que ceux-ci risquent de faire « finalement plus de mal que de bien » (*Phédon* 114e). Le raisonnement ne doit pas être mis au service des émotions, il doit pouvoir s'opposer à leur tyrannie si l'on veut vivre dans la vérité et la justice.

LA RHÉTORIQUE DE CRITON

Face au malheur, Criton oublie ses convictions et argumente comme un sophiste qui voudrait à toute force persuader son auditoire. Mais Socrate sait que persuader n'est pas convaincre : « c'est de la vraisemblance, non de la vérité, que sort la persuasion » (*Phèdre* 260a). Criton a préparé un discours qui va à l'encontre des principes et des méthodes de Socrate. Ce dernier n'est pas invité à *discuter* mais à *écouter* (voir 44b) un véritable réquisitoire où n'importe quel argument semble pouvoir faire l'affaire.

Platon fait là une critique des sophistes d'autant plus transparente que ce discours joue sur la corde sensible. Criton expose son double malheur (il perd un ami irremplaçable et sa réputation est ternie). Il essaie de lever des craintes comme si c'étaient les seuls obstacles à la fuite de Socrate : crainte que son évasion nuise à ses amis (« N'aie donc plus de crainte à ce sujet », « ne renonce pas à te sauver à cause de ces craintes-là », 45a-b), crainte d'un exil pénible (que cela « ne soit pas un souci », « aucun des Thessaliens ne te causera de soucis », 45c).

Connaissant l'intérêt de son ami pour la justice (« quand on proclame toute sa vie durant se soucier de la vertu », 45d), Criton essaie de lui démontrer que sa conduite est injuste et honteuse, car il fait du mal à ses proches et du bien à ses ennemis. Cette stratégie aurait pu être efficace si Criton n'avait oublié que rendre le mal pour le mal n'est pas la conception que Socrate se fait de la justice, et que le double portrait des enfants orphelins et des ennemis triomphants n'est pas de nature à l'émouvoir. Criton veut aussi piquer son orgueil en lui disant que mourir

---

1. Quand on passe sa vie à se demander comment festoyer, acquérir du pouvoir ou de l'argent, etc., on entreprend de remplir un tonneau percé car ces désirs sont insatiables (voir *Gorgias* 493b). N'ayant alors plus de temps à consacrer à la philosophie, il ne nous est plus « jamais possible de penser, et sur rien » (*Phédon* 65b).

81

THÈMES ET PROBLÉMATIQUES

est une solution de facilité, et que la réputation de tout le groupe sera ruinée. Criton est sensible aux apparences (« ton affaire semble », « nous semblons », 45e), au *qu'en dira-t-on*, car pour lui comme pour la plupart des gens, la honte est un sentiment lié à l'image que les autres ont de nous. Sa conclusion est truffée de procédés sophistiques puisqu'elle consiste à dire que « c'est déjà décidé » (46a) et qu'elle prétexte l'urgence pour que Socrate décide sans réfléchir, sous l'effet de l'émotion suscitée par son discours.

Le piège est un peu grossier pour Socrate, qui prend son temps, affirme la nécessité d'un examen rationnel, redéfinit le problème. Il montre que lorsqu'on n'agit pas comme on devrait agir, la honte ne résulte pas de la désapprobation des autres, mais de soi-même. Celui qui ne tient pas son engagement éprouve de la honte (voir 52c), qu'il se fasse prendre ou non. La honte est le sentiment de ne pas être à la hauteur de ce qu'on voudrait être : pour Socrate, répondre au mal par le mal, au mépris de ses convictions, serait honteux (voir 54c) alors même que cela serait approuvé par la majorité des gens.

Les arguments de Criton sont fondés sur les opinions et les craintes de la foule, donc sur rien de « solide » (46d). Socrate lui rappelle que les principes auxquels ils ont l'un et l'autre adhéré *après examen* sont seuls dignes « d'attention » (46b). Socrate revendique sa constance face à un Criton dont les convictions changent au gré des circonstances : il suffit d'un « coup du sort » pour qu'il change d'avis (46b).

Criton fait le jeu des ennemis de la philosophie en reprenant leur mode de discours et leurs croyances : « Les arguments que toi tu avances, lui dit Socrate [...] je crains qu'ils ne soient, en vérité, des propos propres à ceux qui condamnent à mort facilement les gens et les ressusciteraient, s'ils le pouvaient, sans aucune réflexion, c'est-à-dire le plus grand nombre » (48c). Par ses conseils peu avisés, Criton risque de faire passer les raisonnements philosophiques pour des « paroles en l'air » (46d). En quoi différerait-il alors de tous ces gens qui méprisent la philosophie et qui ont amené Socrate à la situation où il se trouve ? Au-delà de la mort de Socrate, l'enjeu du dialogue est la crédibilité du discours philosophique : si Socrate prend la fuite, la philosophie n'est au mieux qu'une gymnastique de l'esprit, plaisante mais creuse : « Se peut-il que des hommes aussi âgés que nous aient discuté longtemps, avec sérieux, sans se rendre compte qu'ils ne différaient en rien d'enfants ? » (49a-b). Était-ce pure vantardise de prétendre pouvoir affronter la mort sans s'indigner (voir 52c) ?

LA DIALECTIQUE

À l'empressement de Criton, Socrate oppose l'exigence de « rigueur » et de « précision » (46c). Congédiant la crainte et les opinions de la foule, il opte pour un critère unique (la justice) qui tranche avec les arguments disparates du discours de Criton. Il change la méthode et offre un rôle actif à son ami : « Menons l'examen en commun » (48d), « Vois si le début de l'argument te semble convenable » (49a), « Examine » (50a), etc. La réponse qu'il fait à Criton ne consiste pas en un long discours, mais en une discussion où il s'agit de déterminer ce qui découle des « prémisses » communes (48b).

Les prémisses sont ici des principes de vie qui constituent le point de départ du raisonnement sur ce qu'il convient de faire. Dans l'argumentation de Socrate, les prémisses sont les suivantes : *on ne doit pas rendre le mal pour le mal* et *fuir revient à rendre le mal pour le mal*. La conclusion qui découle logiquement de ces prémisses est : *il est donc exclu de fuir*. Socrate n'est pas disposé à changer d'avis sous l'effet de la crainte ou à cause de l'urgence de la situation, mais seulement : 1/ si on lui démontre que les prémisses retenues imposent une autre conclusion, ou 2/ si les prémisses sont elles-mêmes réfutées. La seconde possibilité semble exclue car Criton y a toujours souscrit. Criton opte vaguement dans son discours pour la première possibilité, puis renonce complètement (voir 54d). Quant à Socrate, il meurt pour ne pas déroger au principe selon lequel on ne doit jamais commettre d'injustice, principe qui n'est en rien modifié par le caractère critique de la situation (voir 48d).

La méthode de Socrate est celle du raisonnement dialectique, qui consiste à éprouver une thèse ou une opinion en examinant « ce qui en découle » (49e), c'est-à-dire ses conséquences. Si l'on se retrouve en contradiction avec soi-même, il faut soit modifier son attitude en conséquence, soit changer de principes. Cette méthode expose davantage à la réfutation que les longs et minutieux discours sophistiques qui ensorcellent l'auditeur (voir *Euthydème* 290a et *Ménéxène* 235a). Dans l'examen

83

THÈMES ET PROBLÉMATIQUES

dialectique, chacun peut toujours réfuter l'autre (voir 48e et 54d), mais l'objectif n'est pas d'avoir raison *contre* l'autre : il est de rechercher la vérité *avec* lui. Dès lors, il y a plus à gagner à être convaincu qu'à convaincre, car il est toujours bon d'être délivré de ses illusions.

L'efficacité de cette « méthode qui consiste à questionner et à répondre » (50c) est conditionnée au respect de certaines règles – clarté, brièveté, et surtout sincérité – pour ne pas raisonner dans le vide (voir *Ménon* 83d ; *République* I, 346a, 349a ; *Gorgias* 495a, 500b). Sachant que Criton est sensible à l'opinion, Socrate l'enjoint de bien peser ses réponses : « veille, Criton, si tu m'accordes cela, à ne pas être en désaccord avec ta propre opinion » (49c-d) ; « Examine donc vraiment si tu t'associes à moi et partages la même opinion » (49d) ; « Si, de ton point de vue, les choses te semblent en aller autrement, parle et enseigne-le moi » (49e). La sincérité est d'autant plus importante lorsqu'il s'agit, comme c'est le cas ici, du « point de départ » du raisonnement et que ce point de départ est un véritable principe de vie : ceux qui ne s'accordent pas sur les prémisses n'ont pas de « délibération commune possible » et sont condamnés à en rester à un mépris réciproque (49d). C'est le cas dans le *Gorgias* : Calliclès, qui a le mérite de la sincérité, détruit dans son discours l'idée même de justice puis s'enferme dans un mutisme éloquent. Le dialogue s'achève sur un désaccord profond où plane la menace de la violence. Dans le *Criton*, l'accord se fait parce que les interlocuteurs parviennent à s'entendre sur une méthode (la dialectique) et s'accordent sur quelques principes de vie (on ne doit pas commettre d'injustice, voir 49a-e).

Sur le fond, la question est donc vite réglée, même si Criton a besoin d'une explicitation (voir 50a) que va lui procurer la *prosopopée des lois* : pour mieux expliquer à son ami pourquoi il a tort, Socrate se met dans la peau d'un fuyard en situation de rendre des comptes aux lois. Questionné par les lois comme lui-même a toujours questionné ses interlocuteurs (« Examine donc, Socrate », 51c), ce Socrate en cavale est vite mis en contradiction avec lui-même au point d'être ridicule : s'il se comportait de la sorte, il ne pourrait plus ouvrir la bouche sans prêter à rire (voir 53a-e). Le bel exemple qu'il donnerait alors à ses enfants justifierait sa condamnation pour corruption de la jeunesse (voir 53b-c) ! « L'homme le plus juste de cette époque » (*Lettre VII*, 324e) se parjurerait et deviendrait un paria, un flatteur, un vieillard pathétique qui se cramponne à une vie servile. « Et ces discours que tu nous tenais sur la justice et les autres vertus, où seront-ils ? » (53e-54a). Plus personne n'oserait les tenir car la philosophie elle-même serait décrédibilisée.

SOCRATE ET LE DIVIN

Le *Criton* s'ouvre sur un rêve et se ferme sur le conseil du « dieu », ce qui peut sembler étonnant quand Socrate dit se fier exclusivement aux arguments rationnels. Socrate se dit aussi missionné par le dieu de Delphes et évoque parfois une petite voix intérieure qu'il nomme son démon. Mais tous ces propos ont un sens allégorique. Quand il parle de ses rêves, il reste très prudent : il « présume », il « ne croi[t] pas que » (43d-44a ; voir aussi *Phédon* 61a et *Phèdre* 242b-c). Les rêves et les oracles ne sont pas pourvoyeurs d'un savoir, ce sont des signes dont l'interprétation revient à la raison. Les devins ne savent pas ce qu'ils disent (voir *Apologie de Socrate* 22b-c) et c'est à celui qui les écoute d'élaborer son interprétation. Socrate élabore toujours sa propre interprétation en fonction de ses convictions philosophiques : lorsque son ami Chéréphon lui raconte que l'oracle de Delphes lui a révélé qu'il était le plus savant des hommes, Socrate comprend qu'il n'est savant que de son absence de savoir (voir *Apologie de Socrate* 21a). C'est une interprétation très personnelle qui lui permet d'exposer sa mission philosophique : mettre à l'épreuve toutes les opinions qui tentent de se faire passer pour des savoirs.

Sous la métaphore de la voix intérieure (le « démon »[1]), on devine une forme d'intuition morale. Lorsque l'évidence de ce qu'il faut faire est criante, comme à la fin du *Criton*, la petite voix fait place au tumulte intérieur des Corybantes lors de leur transe (voir 54d) : comme il était annoncé au début, rien ne saurait aux oreilles de Socrate crier plus fort que l'argument le meilleur (voir 46b). La référence au divin rappelle que la raison est la partie par laquelle l'homme « s'assimile à la divinité » (*Timée* 89e-90e ; voir aussi *République* X, 611e ; *Phèdre* 247d).

---

1. Il s'agit plus d'un signe démonique que d'un démon à proprement parler : Socrate évite de le personnaliser. Voir glossaire, p. 91.

THÈMES ET PROBLÉMATIQUES

Tous les philosophes grecs soutiendront à la suite de Socrate que la véritable piété n'est pas la croyance populaire, les prières ou les sacrifices, mais l'exercice de la philosophie (voir *Apologie de Socrate* 28d).

L'immortalité de l'âme est évoquée mais ne fait l'objet ni d'un doute ni d'un argument : ce n'est pas le problème du *Criton*. D'autres dialogues comme le *Phédon* se chargent d'étudier la nature de l'âme et tentent de prouver son immortalité. Ici, ces points sont considérés comme acquis parce qu'ils ont fait l'objet de discussions antérieures. L'âme n'est envisagée que dans son rapport avec la justice, comme le suggère l'emploi de périphrases pour la définir (« ce que le juste rend meilleur et ce que l'injuste détruit », 47d ; « cette partie de nous-mêmes, quelle qu'elle soit, qui est concernée par la justice et l'injustice », 47e-48a). Cette dimension morale confère à l'âme sa supériorité sur le corps, exigeant d'elle une purification que Socrate évoque par des références fréquentes aux croyances orphiques[1].

Les « lois de l'Hadès » ne sont invoquées que pour entériner le caractère sacré des lois d'ici-bas dont elles sont les « sœurs », et auxquelles elles proposent le modèle d'une justice affranchie des défauts humains (voir 54b-d). L'individu terrestre peut avoir à se présenter devant des juges terrestres, et répondre de sa fidélité aux lois de la cité, avec plus ou moins d'adresse rhétorique. De même, l'âme de cet individu aura à se présenter devant ses juges, et à répondre de sa fidélité à la justice, mais cette fois sans faux-semblants pour se défendre (voir 54b). L'analogie révèle les conditions d'un bon jugement (inflexibilité et clairvoyance). Une décision par faveur ou par pitié n'est pas un meilleur jugement que celui que la calomnie peut susciter, car il faut juger « selon les lois » et non selon les apparences (*Apologie de Socrate* 35c).

En utilisant plus longuement le mythe des Enfers dans le *Gorgias*, le *Phédon* et *La République*, Platon n'agite pas une menace susceptible de concurrencer « l'épouvantail de la prison, de la mort et de la confis-

---

1. L'orphisme désigne un courant religieux de l'Antiquité auquel se rattachent le pythagorisme ainsi que de nombreuses « religions à mystères » qui ont toujours suscité l'intérêt de Platon (voir par exemple *Phédon* 67a-d, 81e-83d ; *Cratyle* 400c ; *République* X, 611c-e ; *Phèdre* 250b-c). Ces pratiques et croyances étaient réservées à des initiés et sont, aujourd'hui encore, mal connues ; on sait toutefois qu'elles exprimaient des préoccupations proches de celles des philosophes (l'ascèse, l'interrogation sur l'origine de l'univers, etc.).

cation des biens » (46c). Il propose de voir le sort de l'âme après la mort comme une *projection* de son état durant la vie : la longueur du châtiment subi est proportionnelle à la profondeur de la souillure de l'âme par l'injustice. Il s'agit de faire comprendre que la mort est à l'image de la vie qu'on aura menée : l'homme méchant n'a pas à *redouter* son malheur mais à en *prendre conscience* car son malheur est déjà là. L'utilisation du mythe et de la croyance ne va donc pas à l'encontre du discours rationnel, elle en prend le relais dans un domaine où nous n'avons pas de certitude. « Prétendre à toute force qu'il en va exactement comme je viens de le dire, cela ne convient pas à un homme qui a quelque intelligence », mais « c'est un risque qui vaut la peine d'être couru » (*Phédon* 114d).

UN BEAU RISQUE À COURIR

La mort de Socrate a souvent été considérée comme l'acte fondateur de la philosophie car elle en atteste la crédibilité, de manière dramatique à nos yeux et à ceux de Criton, mais pas à ceux de Socrate qui conserve sa bonne humeur, et continue de pratiquer sa fameuse ironie pour susciter la perplexité de son interlocuteur. Criton s'efforce de minimiser les risques d'une évasion. Mais Socrate lui fait comprendre que de toutes façons, les risques dont il parle sont insignifiants, et que l'évasion qu'il a en tête est d'une autre nature. La seule chose que risque une âme, c'est de devenir injuste sous la séduction du plaisir ou sous l'effet de la crainte. Sous l'apparence d'une femme « belle et gracieuse, de blanc vêtue » (44a-b) la mort semble plus aimable que sous les traits de l'« épouvantail » qui effraie les enfants (46c). Socrate répond à Criton en minimisant par son attitude le risque de la mort. Lors de son dernier jour, il rappellera que la philosophie est une mort métaphorique (elle délie l'âme et le corps), il s'emploiera à prouver avec ses disciples l'immortalité de l'âme, et il montrera enfin qu'il n'y a rien à perdre à être juste, ni dans la vie ni dans la mort (voir *Phédon*). Où est le risque ? Nulle part ailleurs que dans l'injustice. De quelle prison faut-il s'évader ? De la prison où nous nous enfermons sous l'influence de nos désirs et de nos craintes. L'évasion à réaliser, c'est celle qui consiste à sortir de l'état d'illusion pour aller vers la vérité. Les gens sont plus prisonniers que Socrate, parce qu'ils sont incapables de se libérer de leurs craintes et de la tyrannie du

THÈMES ET PROBLÉMATIQUES

plaisir. Le paradoxe est que « c'est l'enchaîné lui-même qui coopère de la façon la plus efficace à parfaire son état d'enchaîné » (*Phédon* 82e). « Chaque plaisir, chaque peine, c'est comme s'ils possédaient un clou avec lequel ils clouent l'âme au corps, la fixant en lui », la forçant à regarder le monde « comme à travers les barreaux d'une prison ». Le corps est métaphoriquement désigné comme « prison de l'âme », mais c'est l'âme qui est fautive, du moins sa partie désirante. La philosophie permet de « se délier du corps comme on se délie de ses chaînes », en attendant « que le dieu lui-même nous ait déliés » (*Phédon* 67a-d).

Pour ses trois fils, Socrate ne redoute qu'une chose : « si vous avez l'impression qu'ils se soucient de l'argent ou de quoi que ce soit d'autre plus que de la vertu […], reprochez-leur, comme moi je vous le reprochais, de ne pas se soucier de ce qui importe et de se croire quelque chose sans avoir le moindre mérite » (*Apologie de Socrate* 41e). Les lois font la même recommandation à Socrate : « ne fais pas plus de cas de tes enfants, de la vie ou de quoi que ce soit d'autre que de la justice » (54b). Les gens ont cru, en condamnant Socrate, pouvoir se soustraire à l'obligation de justifier leur manière de vivre, ce qui n'est pas un bon calcul (voir *Apologie de Socrate* 39d). Socrate est convaincu que d'autres viendront après lui, peut-être plus vindicatifs encore[1].

C'est donc tranquillement que Socrate choisit la direction de son exil : ce sera l'Hadès et non la Thessalie. Jusque dans cette géographie, Socrate s'amuse de la destination que prendraient la plupart des gens : « chez les hôtes de Criton » (53d), où prévalent le relâchement et le désordre. La Thessalie symbolise dans le dialogue la patrie des amis du plaisir et non celle des amis de la vérité, qu'il faudrait plutôt situer du côté de Thèbes ou de Mégare, où l'on trouve de nombreux disciples de Socrate, mais où celui-ci ne sera pas le bienvenu s'il s'enfuit. À la croisée des chemins, Socrate choisit d'emprunter celui qu'il a toujours pris. « Tout au long de ma vie, dans les fonctions publiques que j'ai pu exercer, voici l'image que l'on trouvera, et celle aussi qui se dégagera de ma vie privée : un homme qui n'a jamais fait à quiconque la moindre concession contraire à la justice » (*Apologie de Socrate* 32e-33a).

---

1. Ce qui sera effectivement le cas des cyniques, école philosophique fondée par Antisthène, un disciple de Socrate. Le cynisme prône le mépris des conventions sociales et le retour à la nature dans un style très anticonformiste dont Diogène est le représentant le plus pittoresque.

OUTILS
COMPLÉMENTAIRES

GLOSSAIRE

AGORA

Place centrale de la vie sociale athénienne où se tenaient le marché et les réunions publiques.

ANALOGIE

Égalité de rapports entre des éléments dissemblables (de forme « A est à B ce que C est à D »).

APOLOGIE

Plaidoyer, discours visant à défendre une personne, une doctrine ou une cause.

DÉMON

Le démon de Socrate n'a rien d'une puissance maléfique. Socrate nomme démon, ou plus exactement « démonique » (*to daimonion*), une sorte de génie qui se manifeste à son esprit. Le démon de Socrate s'apparente à une petite voix intérieure, à une sorte de signe divin. « C'est quelque chose qui remonte à mon enfance, l'intervention d'une sorte de voix qui, lorsqu'elle se manifeste, me détourne toujours de ce que j'al-

lais faire et jamais ne me pousse à agir. C'est elle qui m'a empêché de m'occuper de politique » (*Apologie de Socrate* 31d).

DIALECTIQUE/RHÉTORIQUE

Chez Platon, méthode procédant par questions et réponses, employée par Socrate pour mettre à l'épreuve les opinions de ses interlocuteurs. Cette méthode s'oppose à celle des sophistes, la rhétorique, qui consiste à utiliser habilement le discours pour persuader un auditoire. La dialectique suppose de la part des interlocuteurs sincérité, clarté et brièveté, ainsi qu'un réel désir de rechercher ensemble la vérité.

MAÏEUTIQUE

Littéralement, art de faire accoucher. Socrate dit pratiquer cet art pour les esprits, de la même manière que sa mère le faisait pour les corps. Mais, si sa mère était sage-femme, Socrate, lui, se défend d'être un « sage homme » puisqu'il prétend ne rien savoir. Sa

OUTILS COMPLÉMENTAIRES

pratique philosophique consiste à faire accoucher les esprits, puis à examiner si le « bébé » est viable : en d'autres termes, à interroger ceux qui croient savoir, et à les forcer à rendre des comptes sur leurs opinions.

PARADOXE

Du grec *para*, « contre » et *doxa*, « opinion ». Idée surprenante qui heurte l'opinion courante.

PRÉMISSES

Du latin *praemissus*, « placé devant ». Propositions qui forment la base d'un raisonnement et qui, mises ensemble, permettent de tirer une conclusion. Par exemple : « tout B est C » (prémisse n° 1 ou « majeure ») ; or « A est B » (prémisse n° 2 ou « mineure ») ; donc « A est C » (conclusion). Ces propositions forment un syllogisme, c'est-à-dire un raisonnement dans lequel, deux propositions étant posées, une troisième en découle nécessairement.

PROSOPOPÉE

Figure de rhétorique qui consiste à faire parler une personne morte ou absente, ou quelque chose qui ne parle pas (animaux, êtres inanimés ou, comme c'est le cas ici, abstractions).

SOPHISTES

Principaux adversaires de Platon, qui les critique dans la plupart de ses dialogues. Les sophistes étaient des professeurs souvent itinérants qui se faisaient payer très cher leur enseignement, notamment auprès de la jeunesse dorée athénienne se destinant à la politique. Leurs leçons portaient essentiellement sur la rhétorique, l'art de parler en public et de persuader efficacement un auditoire. Les plus célèbres sont Protagoras et Gorgias, qui professent tous deux un relativisme qui traduit, selon Platon, un mépris de la vérité et de la justice.

VERTU

Ensemble des dispositions morales qui concourent à la vie bonne, dans la mesure où une âme vertueuse est une âme bien équilibrée et harmonieuse. Les quatre vertus cardinales pour Platon sont la sagesse, le courage, la tempérance et la justice.

BIBLIOGRAPHIE

Œuvres de Platon complémentaires à la lecture du Criton

Apologie de Socrate, Paris, Hatier, coll. « Classiques et Cie », 2007.

Euthydème, Paris, Flammarion, coll. « GF », 1989.

Gorgias, Paris, Hatier, coll. « Classiques et Cie », 2007.

Hippias Majeur, Paris, Hatier, coll. « Classiques et Cie », 2007.

Lettres, Paris, Flammarion, coll. « GF », 1987.

Les Lois (2 vol.), Paris, Flammarion, coll. « GF », 2006.

Ménon, Paris, Flammarion, coll. « GF », 1991.

Phédon, Paris, Flammarion, coll. « GF », 1991.

Protagoras, Paris, Flammarion, coll. « GF », 1997.

La République, Paris, Flammarion, coll. « GF », 2002.

La République, Livres VI et VII, Paris, Hatier, coll. « Classiques et Cie », 2007.

Théétète, Paris, Flammarion, coll. « GF », 1994.

Lectures complémentaires : textes anciens

ARISTOPHANE, *Les Nuées*, dans *Théâtre complet*, vol. 1, Paris, Flammarion, coll. « GF », 1966.

ARISTOTE, *Éthique à Nicomaque*, Paris, Vrin, 1990.

ARISTOTE, *La Politique*, Paris, Vrin, 1995.

La Bible de Jérusalem, Paris, Le Cerf, 2007.

Les Cyniques grecs, Paris, LGF, coll. « Le Livre de poche », 1992.

DIOGÈNE LAËRCE, *Vies, doctrines et sentences des philosophes illustres*, vol. 1, Paris, Flammarion, coll. « GF », 1965.

Les Stoïciens (2 vol.), Paris, Gallimard, coll. « Tel », 1962.

XÉNOPHON, *Œuvres complètes*, vol. 3, Paris, Flammarion, coll. « GF », 1967.

Lectures complémentaires : textes modernes

ARENDT Hannah, *Du mensonge à la violence*, Paris, Pocket, coll. « Agora », 1991.

HOBBES Thomas, *Léviathan*, Paris, Sirey, 1971.

OUTILS COMPLÉMENTAIRES

Ricœur Paul, *Le Juste 2*, Paris, Esprit, coll. « Philosophie », 2001.

Rousseau Jean-Jacques, *Du contrat social*, Paris, Flammarion, coll. « GF », 1992.

Thoreau Henri David, *La Désobéissance civile*, Paris, Mille et une nuits, 1996.

Études et ouvrages critiques

Canto Monique, *Éthiques grecques*, Paris, PUF, coll. « Quadrige », 2001.

Châtelet François, *Platon*, Paris, Gallimard, coll. « Folio essais », 1989.

Dixsaut Monique, *Le Naturel philosophe. Essai sur les dialogues de Platon*, Paris, Vrin, 2001.

Garapon Antoine et Salas Denis, *La République pénalisée*, Paris, Hachette, coll. « Questions de société », 1996.

Hadot Pierre, *Qu'est-ce que la philosophie antique ?*, Paris, Gallimard, coll. « Folio essais », 1995.

Koyré Alexandre, *Introduction à la lecture de Platon*, Paris, Gallimard, coll. « NRF essais », 1962.

Mossé Claude, *Le Procès de Socrate*, Bruxelles, Complexe, coll. « Mémoire des siècles », 1987.

Pradeau Jean-François, *Platon et la cité*, Paris, PUF, coll. « Philosophies », 1997.

Robin Léon, *Platon*, Paris, PUF, coll. « Quadrige », 1997.

Rogue Christophe, *Comprendre Platon*, Paris, Armand Colin, coll. « Cursus », 2002.

Romeyer Dherbey Gilbert, *Les Sophistes*, Paris, PUF, coll. « Que sais-je ? », 1985.

Romeyer Dherbey Gilbert et Gourinat Jean-Baptiste, *Socrate et les socratiques*, Paris, Vrin, 2001.

Romilly Jacqueline de, *Les Grands Sophistes dans l'Athènes de Périclès*, Paris, LGF, coll. « Le Livre de poche », 1989.

Vlastos Gregory, *Socrate. Ironie et philosophie morale*, Paris, Aubier, coll. « Philosophie », 1994.

Wolff Francis, *Socrate*, Paris, PUF, coll. « Philosophies », 1985.

CLASSIQUES & CIE PHILOSOPHIE

400 Aristote
Éthique à Nicomaque

401 Descartes
Discours de la méthode

402 Descartes
Méditations métaphysiques

403 Épictète
Manuel

404 Épicure
Lettre à Ménécée

405 Hegel
La Raison dans l'histoire

406 Kant
Analytique du beau

421 Kant
**Conjectures
sur le commencement
de l'histoire humaine**

407 Kant
**Fondement pour la métaphysique
des mœurs**

408 Kant
Qu'est-ce que les Lumières ?

409 Kant
Vers la paix perpétuelle

410 Machiavel
Le Prince

411 Nietzsche
Crépuscule des idoles

412 Platon
Apologie de Socrate

420 Platon
Criton

413 Platon
Gorgias

414 Platon
Hippias majeur

415 Platon
La République

416 Platon
Le Banquet

417 Rousseau
**Discours sur l'origine
et les fondements de
l'inégalité parmi les hommes**

418 Rousseau
Du contrat social

419 Spinoza
Traité théologico-politique

Dépôt légal n° 96304-9/09 - Juin 2022
Achevé d'imprimer en Espagne par Black Print